〈第2版〉
観光とサービスの心理学

観光行動学序説

前田 勇 著

学文社

● ま え が き ●

　本書は，観光行動を心理学の視点からとらえ消費者行動論の一環として観光を分析している点において，また，観光とサービス一般とを同時に心理学的に考察しているという意味において，わが国はもとより，世界にも類をみない特異な内容のものである。

　まず，このようなやや変わった内容をもった本書が誕生した背景について，この機会にふれておきたい。

　著者は，社会心理学および産業心理学を学んだ後，消費者行動一般の研究に従事してきたが，その研究はマーケティング的視点すなわち売り手側からの買い手分析であるよりも，買い手を中心とする視点から行われてきた。とくに，働くことへの意欲と余暇活動を含む消費活動とのかかわりの分析などが，興味あるテーマのひとつであった。

　大学教員としてスタートした当初の専攻は，産業心理学の下位領域としての消費心理学であったが，まもなく所属する学部にわが国最初の独立学科として観光学科が誕生することになり，専攻に"最も近い領域"であるということから，観光行動の心理学的研究が恩師の故安藤瑞夫先生より課題として与えられたのである。

　さまざまな文献・資料を収集し，わずかな自主研究成果を加えることによって，なんとか「観光行動論」の構成をつくりあげ，隔年開講の特殊講義としてスタートさせたのは，観光研究に取り組むようになってから3年後のことであった。

　その過程でわかったことは，当時は観光が現在のように活発に展開されてはいなかったことも関係しているが，観光現象に対する心理学の立場からの研究はほとんど存在せず未開拓の領域であるということ，そしてまた，第二次世界大戦以前に著された古典的な観光研究書の中に，研究のヒントとなりうるもの

がかなり含まれていることなどであった。

その意味において，観光学科が設立された直後に，全国に吹き荒れた"大学紛争"のため正規の授業が中断されてしまった時期に，初期のゼミナール参加者達と連日のように小さな研究室で開催した"古典書購読会"は懐かしい思い出であり，勉強仲間でもあった当時の学生諸氏に対して改めてお礼をいいたいと思う。

1970年に，観光研究の専門家であり先輩であった小谷達男教授(現在，沖縄・名桜大学教授)のご紹介により，それまでの理論研究をまとめる形で，雑誌『観光(現．月刊観光)』に「観光の心理学」と題する小論を発表させていただいたのが，観光に関する最初の研究発表であった。

それ以後，さまざまな角度からの観光研究成果を，著書や論文等の形で発表してきたが，一貫して継続してきた観光行動に関する心理学的研究を，"消費者行動としての観光行動"という観点から整理したものが本書の主体である。

サービスに関する研究は，消費者行動研究の一環としてはじめたのは早い時期であったが，観光客心理研究の一部分として進めてきた"サービスに対する満足研究"と合体させる形で，1970年代後半から観光行動研究とは切り離して「サービス評価理論」の構築にあたってきたものであり，サービス研究の成果はすでにいくつかの著書として発表してきている。

観光とサービスの問題を同時に扱うことにはかなり難しい問題がある。それは，観光行動が基本的に"非日常的消費行動"としての特徴をもつのに対し，サービス利用は日常生活から非日常生活までに連続して行われているものであり，問題をとらえる視点と分析方法が基本的に異なっているためである．

しかし，研究対象として共通性の高い領域であることも事実であり，サービスに関する知識が観光行動研究に，観光行動に対する理解がサービス分析にも有効であることを考え，敢えて両者を結合させて『観光とサービスの心理学』として本書の構成を図ったのである。

もうひとつ，本書が副題として「観光行動学序説」と記してある点について

述べておきたい。

　観光研究の現状と課題については，本文中に述べているところであるが，観光研究の成果は未だ十分に蓄積されているとはいいがたく，観光に関する研究が独自性のある「学」として認識されるまでにはまだ時間を要するものと考えられる。しかし，「観光学」が人間行動研究の一分野として成立する可能性があることを示すために，敢えて観光行動学序説という言葉を付したのであり，本書が観光行動に対する科学的研究を活発化させるひとつのきっかけとなることができるならば望外の幸せである。

　本書は本来，「観光の消費心理学」の名称によって，ずっと以前に刊行されているべきものであったが，全体構想を何度も変更してしまった結果として，今日に至ってしまった。そのような理由もあって，本書で用いているデータの中にはやや古くなっている部分もあるが，データそのものを提示することが目的ではなく，観光行動をさまざまな角度から分析する考えかたと方法とを説明するための素材であることを理解していただきたいと思う。

　本書の刊行にあたっては，学文社の皆様には大変お世話になった。とくに上記したような理由により，当初の予定が延び延びになってしまったにもかかわらず，辛抱強く待ってくださり，激励し続けて下さった田中社長には心よりお礼を申しあげたい。

　以前に同社より出版させていただいた『観光概論』を，まったく新しい観点から全面的に編纂し直した概論書である『現代観光総論』が，同じ学文社からほぼ同じ時期に刊行することができるのも嬉しいことであり，併せて深く感謝の意を表するものである。

　1995年2月

　　　　　　　　　　　　　　　　　　　　　　　　　　前　田　　勇

● 第 2 版刊行にあたって ●

　このたび『観光とサービスの心理学』を改版させていただくにあたり，第1刷の「あとがき」に記した"観光行動研究の課題"にその後どのように取組んできたのかについて，第1刷以降に執筆・編纂した著作を紹介しながら簡単に説明させていただきたい。

　「あとがき」において，第1刷が取り上げている事柄は観光行動についての心理学的研究の基本領域であるが，観光対象の魅力分析や文化観光成立条件，観光の影響・効果に影響を与える行動原理など，観光の意味と意義を明らかにするための"新しい課題"も数多く登場しており，それらに取り組むことが観光行動研究には期待され，求められていると述べた。

　このような課題に応えて最初に上梓したのは『現代観光学の展開』（学文社，1996年）であり，「観光行動・文化観光・国際観光交流」をサブタイトルとして，それぞれに関する観光事業の実践問題を取り上げた研究を収録した。

　なお同時期に，本書（『観光とサービスの心理学』）第Ⅲ部〔サービスの行動科学〕第13・14章で説明したサービス事業にかかわる事柄について論述した『サービス新時代』（日本能率協会マネジメントセンター，1995年）を執筆・上梓している。

　ついで立教大学を定年退職するにあたり，ともに研究に励んできた門下生たちの研究成果を編纂したのが『21世紀の観光学』（学文社，2003年）であり，「21世紀前半における観光の展望・観光行動研究の課題・国際観光の課題・観光を支えるプロフェッショナルの展望と課題」の4部構成となっており，観光心理学から観光行動にかかわる問題全般を幅広い視点から取り扱った研究にまでわたっており，"新しい観光学"を提起したものとなっている。またその前年，

観光行動を含む消費行動全般についての評論集『世相管見』（学文社，2002年）を編纂したが，同書には韓国の観光に関連した評論も収録されている。

その後，小生と同様に心理学の視点から観光を研究している後進の依頼によって『観光の社会心理学』（北大路書房，2006年）の監修者となり，また複数章を執筆した。同書は「ひと（旅行者とそれを支える人々）」「こと（旅の形態）」「もの（観光を構成する要素）」の3部構成を図った点にユニークさがあるが，構成する章の中には主題とのかかわりがやや曖昧なものもあり，全体として題名通りの内容となったとは言い難い面もみられた。

7年前に上梓したのが『現代観光とホスピタリティ―サービス理論からのアプローチ―』（学文社，2007年）であり，サービス論の原論とも言うべきホスピタリティについて論述するとともに，現代観光全般にサービス理論の観点から考察を加えたという点に独自性があると自負している。

このように，かつて『第1版』の「あとがき」において，今後の研究課題として記した事柄については，十分とは言えないとしても，少しずつ前進させてきたと言うことができると思っている。

観光心理学の概要を提示し，新しい観光行動論研究を提唱する役割を担った本書も，他書同様に増補改定を加えながら時代の変化によりよく対応させていくべきだったが，次々と新しい課題が登場してきた研究領域であったことから，新しい研究を扱った著作を刊行することを通して，広く紹介することをより優先させてきたこと，さらに本書が提示した観光心理学の"枠組み"にはかなり一般性があると考えたことによって，増補改定作業に積極的でなかったのは事実であり，この点でご迷惑をおかけしたことを深くお詫びしたい。

増補改定を加えてこなかったことの当然の結果として，本書で使用しているデータの中には現在とは合致しない部分もあるが，この点は「まえがき」でも記しているように，用いられているデータは"考え方と分析方法を説明するた

めの素材"なのであり，現状を把握するための最新データそのものは他の資料を参照していただきたいと考えている。

2015 年 1 月

前 田 　 勇

● 目　　次 ●

第Ⅰ部　観光行動の概念と構造　　　1
　観光の概念と観光行動論の視点　　　2
　第Ⅰ部の構成　　　3
　〔(第Ⅰ部関係) 参考文献〕　　　3

第1章　観光行動の概念　　　5
　1　「観光行動」の意味　　　5
　　1)　"行動"としての観光……5/2)　一般的説明……6/3)　「観光」と「ツーリスト」……7/4)　「ツーリスト」に関する説明……8/5)　日本の「外客統計」における分類と定義……10/
　2　"行為"としての観光行動　　　11
　　1)　行動主体の「目的・動機」を重視したアプローチ……11/2)　「旅行市場」としての全体把握……12/
　3　観光行動のパターン分類と総合把握　　　13
　　1)　各パターンの意味するもの……13/2)　観光行動理解のしかた……14/

第2章　「大衆消費社会」と観光行動　　　15
　1　消費者としての観光者　　　15
　　1)　「消費者」の概念……15/2)　「観光者」の性格……16/
　2　「大衆消費社会」と「大衆余暇社会」　　　17
　　1)　「大衆消費社会」の意味……17/2)　わが国における「大衆消費社会」の成立……18/3)　「大衆余暇社会」の誕生……19/
　3　観光行動の動向と課題　　　21
　　1)　観光行動の時代的変遷……21/2)　観光需要の現代的特徴……23/3)　観光大衆化時代の課題……24/

第3章　行動分析の基礎概念　　25

1　行動分析の一般モデル　　25

1)　"4つの科学"と"異なる行動主体像"……25/2)　"5つの行動論モデル"……26/3)　"複合的人間像"としての理解……29/

2　行動分析の基礎概念（1）動機と欲求構造　　30

1)　要求・欲求の概念……30/2)　要求等の分類……31/3)　「モチベーション（動機づけ）」の概念……31/4)　要求水準と「欲求段階説」……32

3　行動分析の基礎概念（2）「態度」の機能と影響　　33

1)　「態度」の概念……33/2)　態度の形成と機能……34/

第4章　消費行動としての観光行動　　35

1　「選択行動」の分析　　35

1)　選択行動としての消費行動……35/2)　選択と意思決定……36/

2　選択条件と行動形態　　38

1)　"選択の仕組み"に関する研究……38/2)　選択（決定）に影響を与える条件……40/3)　行動形態……41/

3　「不安」と消費行動　　43

1)　「不安商品」の意味するもの……43/2)　不安としての"いまのうち意識"……44/

第5章　観光行動の分類と把握　　45

1　観光行動の分類　　45

1)　「純観光」と「兼観光」……45/2)　観光主体の属性……46/3)　行動の目的・意図・動機等……46/4)　行き先地と行き先地類型……47/5)　行動の範囲と時間……49/6)　旅行の形態……50/

2　各種の調査・資料を通しての観光行動の把握　　51

1)　「観光目的」の推移……51/2)　「外国旅行で希望する行動」……52/3)　日本人の外国旅行の推移と旅行者構成の変化による影響……53/4)　訪日外国人旅行者の「旅行ルート」と「土産品」の購買……55/5)　国内観光における「県内客」「県外客」の割合……58/6)　観光客および来訪者数が"受入れ国・地域等の人口"に占める割合……59/

第Ⅱ部　観光行動の心理学的分析　　**61**

　観光に対する心理学的研究　　62

　第Ⅱ部の構成　　63

　〔(第Ⅱ部関係)　参考文献〕　　64

第6章　観光行動のメカニズム　　**65**

1　観光行動の内的発動因の分析　　65

　1)　観光欲求・観光動機……65/2)　行動原因を分類することの限界……66/3)　観光にかかわる"現代的欲求"……67/

2　観光行動生起の仕組み　　67

　1)　観光行動成立の条件……67/2)　観光行動における「選択」……69/3)　観光の発展過程と"選択タイプ"……70/

3　観光行動における基本的志向性　　72

　1)　"2つの類型"の想定……72/2)　"サンラスト型"と"リゾート志向"……73/

第7章　「観光者モチベーション」の測定　　**75**

1　「観光者モチベーション」の概念　　75

2　「観光者モチベーション」測定の方法論　　76

　1)　対象とする"選択場面"……76/2)　測定の理論的背景……76/3)　測定の基本的方法……78/

3　「観光者モチベーション」測定の実際　　79

　1)　「V」測定の対象とする行動群……79/2)　「I」の測定……81/3)　「M」の算出……82/

4　「観光者モチベーション」測定の意味　　85

第8章　観光者心理と観光行動　　**87**

1　観光者心理の特徴　　87

　1)　基本的説明……87/2)　観光行動の「類型」と"意識の組み合わせ"……88/3)　心理状態の時間的変化……89

2　観光行動を成立させる条件の影響　　　　　　　　　　　　　　　　90

　　　　1）"潜在的欲求"の顕在化……90/2）　観光者の心理状態……91/

　　3　観光者心理と旅行の実際　　　　　　　　　　　　　　　　　　　　92

　　　　1）"観光客"としての依存性……92/2）「旅行商品」の性格……93/3）　観光者保護の意味と役割……94/4）　観光者自身のかかわり……96/

第9章　消費者行動とイメージ　　　　　　　　　　　　　　　　　　97

　　1　イメージに関する基礎的考察　　　　　　　　　　　　　　　　　　97

　　　　1）「イメージ」の概念……97/2）　人間と対象とをつなぐものとしてのイメージ……98/

　　2　イメージ把握の意味　　　　　　　　　　　　　　　　　　　　　　99

　　　　1）　イメージ把握に対する社会的関心……99/2）　情報化社会とイメージ……101/

　　3　イメージの測定　　　　　　　　　　　　　　　　　　　　　　　102

　　　　1）　測定方法の一般分類……102/2）　イメージ測定の問題点……104/

　　4　「イメージ」の基本的性格……105/

第10章　観光行動とイメージ　　　　　　　　　　　　　　　　　　107

　　1　「観光」「リゾート」等に対するイメージ　　　　　　　　　　　　107

　　　　1）「観光旅行」の条件……107/2）「リゾート」に関するイメージ……108/

　　2　観光事業および観光の各構成要素に関するイメージ　　　　　　　109

　　　　1）「旅行業」に対するイメージ……109/2）「民宿」に対するイメージ……109/3）「パンフレット」についてのイメージ……110/4）　個別企業に対するイメージ……111/

　　3　観光地に対するイメージ　　　　　　　　　　　　　　　　　　　111

　　　　1）「国・地域」「都道府県」等についてのイメージ……111/2）　"立場の違い"による"比較"……113/3）「事前（期待）」と「事後（実際）」との"比較"……115/

　　4　「知識」等との関連性の分析　　　　　　　　　　　　　　　　　118

　　　　1）「知識」とイメージの関係……119/2）「旅行の意向」とイメージの関係……120/

5　観光におけるイメージの役割と機能　　121

　　　1)　観光行動における位置づけ……121/2)　観光における「イメージ」の機能……122/

第Ⅲ部　サービスの行動科学　　123

　観光行動研究とサービス研究　　124

　第Ⅲ部の構成　　125

　〔(第Ⅲ部関係) 参考文献〕　　126

第11章　サービス分析の基礎理論(1)——サービス評価の理論——　　127

　1　「サービス理論」の意味と役割　　127

　　　1)　サービス評価の特徴……127/2)　「サービス理論」に求められる条件……128/

　2　評価対象となる「サービス」の構成　　129

　　　1)　「機能的サービス」と「情緒的サービス」……129/2)　サービス事業のタイプ……129/3)　サービス評価の対象となるタイプ……131/

　3　サービスの基本タイプ　　131

　　　1)　"2つの要素"の組み合わせ……131/2)　"組み合わせ"を規定する条件……133/3)　サービス提供の「条件」と「基本タイプ」……135/

第12章　サービス分析の基礎理論(2)——"用語法"の分析——　　137

　1　"サービスというコトバ"の用法　　137

　　　1)　"共通語"としての条件……137/2)　実際の使用例の分析……138/

　2　2つの異なる用法　　139

　　　1)　「存在型用法」とは……139/2)　「評価型用法」とは……140/

　3　"2つの用法"の関係　　140

　　　1)　「存在型」から「評価型」へ……140/2)　最初から「評価型」のみ……141/3)　"あり・なし"によって評価する〈マイナス評価に直結する場合〉……142/4)　"あること自体"が評価の対象となる〈プラス評価を生む場合〉……145/

　4　"2つの用法"と「サービスの基本タイプ」　　145

1) "用法分析"の役割……145/2) 「基本タイプ」と"用法"……146/

第13章 サービス分析の基礎理論(3)――「個別化」の理論――　147

1 サービス評価と「個別化」　147

1) 「個別化」の意味するもの……147/2) 「個別化」の原理……149/3) 「逆の個別化」とは……150/4) サービス提供における「個別化」の考えかた……151/

2 制度的個別化の考えかた　153

1) 「制度的個別化」の構成……153/2) 「標準化された部分」の性格……154/3) 「標準化されない部分」の性格……155/

第14章 観光関連事業とサービス(1)――「サービスの性格」と「課題」――　157

1 「サービスの性格」と経営課題　157

1) 宿泊業における『旅館型』と『ホテル型』……157/2) 「サービス類型」と基本的課題……160/

2 観光関連事業におけるサービスの性格　163

1) 旅行業……163/2) 航空会社……165/

第15章 観光関連事業とサービス(2)――「公共サービス」「サービス価格・商品」――　167

1 「公共サービス」の基本的性格　167

1) 観光行動と「公共サービス」……167/2) 「公共サービス」とは……168/3) (交通機関などの)"民間型公益事業"におけるサービスの性格……169/4) "選択できないこと"に対する不満……170/5) 「公共サービス」の改善・向上課題……171/

2 「サービス商品」「サービス価格」の意味　173

1) 用法としての特徴……173/2) サービスの性格分類としての位置づけ……174/

3 「流通サービス」の課題　174

1) 小売業におけるサービス……174/2) 流通サービスにおける独自性の発揮……175/

第Ⅳ部　観光行動の現状と研究課題　　　177

　第Ⅳ部の構成　　　178
　現状分析の視点　　　178
　研究視点の明確化と研究方法論の確立　　　179
　〔(第Ⅳ部関係) 参考文献〕　　　180

第16章　観光行動の現状分析　　　181

　1　"他者依存型"の観光行動　　　181
　　1)　観光行動に対する"期待"……181/2)　希望する行動と「旅行商品」……182
　2　外国旅行における行動傾向　　　185
　　1)　"日本的な安全・快適"への執着……185/2)　"開くのはサイフだけ？"……186/
　3　わが国の観光行動の問題点　　　188
　　1)　他者依存型旅行の"原型"と影響……188/2)　"Open Mind"を妨げているもの……189/3)　多様性を増す観光行動……190/

第17章　観光行動研究の課題　　　193

　1　観光行動研究と「観光調査」　　　193
　　1)　「観光調査」の意味と役割……193/2)　「観光調査」の方法と類型……194/3)　把握する"場面"による対象行動そのものの違い……198/
　2　観光行動研究の課題　　　200
　　1)　観光研究における"記述"と"説明"……200/2)　観光行動研究における方法論的課題……201/3)　研究課題としての"観光における調和"の方法……203/

あとがき　　　205
索　引　　　206

第Ⅰ部　観光行動の概念と構造

観光の概念と観光行動論の視点

　観光の概念は，さまざまな観点から論じられてきており，現在においても多様なとらえかたがある。国際的に統一された見解を確立するために，国連の下部機関である世界観光機関（WTO）は，国連統計委員会の承認を経て「観光統計に関するガイドライン」をたびたび策定し，勧告を試みているが，各国が共通して採用するには至っていない。そこには，陸路で外国と接しているかなどの地理的条件をはじめ，国際収支に占める観光収入のウェートの大きさや観光関連産業の規模，さらには観光事業の歴史などの違いが関係している。

　さらに，観光を法律あるいは経済の観点から把握せんとするのか，動機・目的などの人間行動としての観点からとらえようとするのかという基本的な視点の問題があると考えられる。

　上記した「観光統計に関するガイドライン」の最も新しいものは，1993年に策定されたものであるが，そこでは，観光を「人の移動による世界的規模での旅行市場を含めた概念」としてとらえており，観光を「余暇，ビジネス，その他の目的のため，普段生活している環境を離れ，継続して1年を超えない期間の旅行をし，また滞在する人びとの諸活動である」とする定義を試みている。

　この定義は，本文中で紹介している"経済的観点からの古典的定義"とほとんど同一であって，観光を基本的に"人と金銭の移動"としてとらえており，人びとの往来がもたらす経済的・文化的効果を考えるうえでは意味のある説明といえよう。

　しかしながら，観光を大衆消費社会と大衆余暇社会を背景として成立してきた"新しい人間行動の形態"としてとらえる立場からみると，観光行動は消費行動のひとつの形態であり，なんらかの意図をもった"選択行動"として把握する必要があるのである。つまり，"移動した結果"だけではなく，"移動する理由と目的"をも解明すべきなのであり，上記の定義にはこのような視点が不足しているのである。

第Ⅰ部の構成

　本書の第Ⅰ部は，観光行動一般について，観光を人間行動のひとつの形態であるとともに，なんらかの意図と意味を自ら与えた行為として理解する「観光行動論」の観点から説明したものである。さらにまた，観光行動を消費者行動一般の連続形としてとらえ，共通した理論によって分析するとともに，そこにみられる相違点を明らかにすることを試みたものであり，消費者行動としての観光行動の位置づけ，および行動研究対象としての観光行動研究について説明している。

　まず最初に，観光行動の概念について考察を加え，観光行動のパターン分類と全体把握の考えかたについて説明している（1章）。

　次に，消費者としての観光者の性格を説明し，大衆消費社会と大衆余暇社会とのかかわり，現代観光の特徴と動向について考察している（2章）。

　また，観光行動を消費者行動としてとらえ，行動分析モデル，行動分析の基礎概念，選択行動としての分析を行っている（3章・4章）。

　第Ⅰ部最後の章では，観光行動の分類を行うとともに，各種の資料を紹介しながら，観光把握の方法を説明している（5章）。

[（第Ⅰ部関係）参考文献]

〈第1章〉
　鈴木　忠義編『現代観光論〈新版〉』有斐閣双書，1984年
　前田　勇編著『観光概論』学文社，1978年
　小谷　達男『観光事業論』学文社，1994年
　前田　勇編著『現代観光総論』学文社，1995年

〈第2章〉
　正田　彬『消費者の権利』岩波新書，1972年
　東京大学公開講座編『消費者』東京大学出版会〈公開講座・35〉，1982年
　辻村　明『大衆現象を解く』講談社現代新書，1984年
　川北　稔編著『「非労働時間」の生活史』リブロポート社，1987年

4　第Ⅰ部　観光行動の概念と構造

　　荒井　政治『レジャーの社会経済史』東洋経済新報社，1989年
　　前田　勇「観光欲求と現代社会の構図」『月刊観光』1984-1月号掲載，日本観光協
　　　会，1984年

〈第3・4章〉
　　橋本　勲『マーケティング論の成立』ミネルヴァ書房，1975年
　　末永　俊郎編『社会心理学研究入門』東京大学出版会，1987年
　　久保村　隆祐他編『現代マーケティング入門』ダイヤモンド社，1990年
　　前田　勇「販売活動と購買行動」安藤編『産業心理学』〈新版〉収録，有斐閣双書，
　　　1986年
　　暉峻　淑子『豊かさとは何か』岩波新書，1989年
　　稲村　博『若者・アパシーの時代』NHKブックス，1989年
　　大平　健『豊かさの精神病理』岩波新書，1990年
　　松原　隆一郎『豊かさの文化経済学』丸善ライブラリー，1993年

〈第5章〉
　　総理府編『観光白書』（各年度）大蔵省印刷局
　　日本観光協会『観光の実態と志向』（1964年以降各隔年に発表）
　　国際観光振興会編『国際観光統計要覧』（各年度）
　　前田　勇「訪日外国人観光客の行動実態に関する研究」『応用社会学研究』No.35掲
　　　載，立教大学社会学部研究紀要，1993年

第1章　観光行動の概念

1．「観光行動」の意味

1）"行動"としての観光

「今年度の観光客は対前年度比○○％であった」「最近の観光の特徴として××があげられる」などという記事が示すように，現代では観光は個人的行動としてよりも，"観光の動向"として把握されることが多くなっている。それは，観光の一般化・大衆化によって，観光に参加する機会が国民の各層に広がった結果として，社会現象のひとつとして理解することができるようになっているからに外ならない。実際にも，観光の一般動向を規定しているのは，国民の所得水準・余暇時間量などの社会的諸条件そのものであり，観光需要の総量が，これらによって影響されていることは否定できない。しかしながら，観光のより具体的行動，すなわちどのような人びとが観光に参加しているのか，どのような行き先を訪れる人が多いのかなどといった事柄は，社会的条件一般との関連だけでは解明することはできない。

このことは，政治の動向を，結果として現れた現象としてだけみるのではなく，選挙における投票を中心とする国民の政治に対する関心と行動の総体としてとらえなければ，正しく理解できないことと同様なのである。社会現象は，人間行動をなんらかの視点から"集合体"として把握したものであって，その根底にあるのは常に"個人的行動"であることを理解する必要がある。

観光行動とは，人間行動のひとつの形態であり，他の多くの行動となんらかの点において区別される行動として理解することができる。基本的に個人的行動であると考えることによって，行動の動機や行動の仕組みを解明することの意味がでてくるのである。

2) **一般的説明**

観光行動に関して,「日常生活を一時的に離れ,楽しみのために旅行をすること」という説明ができる。しかし,ここでの"日常生活を一時的に離れる"および"楽しみのための旅行"といった事柄は,いずれも行動主体側に属する内的条件であって,客観性が乏しいものであることに注意する必要がある。

観光行動の説明において,"日常生活を一時的に離れる"という条件はきわめて重要である。人間には"非日常性への志向"がかなりあることは広く認められており,また,この条件が後の章で説明するように"観光者心理"に大きな影響を与えるのである〈→8章〉。

しかし,日常生活を文字通り平素の生活と考えるか,"日常の生活圏"とみるか,あるいは"仕事"としてとらえるかのいずれにせよ,"離れる"ということは主観的な世界のものであり,空間的には日常生活圏を遠く離れていても意識的には離れてはいない場合もありうるのである。したがって,この条件をもっているか否かを外部から完全に判定することは困難なのである。

さらに,"楽しみのための旅行"であるか否かは,個々人によって意味・内容が異なる問題なのであり,個人差があるだけではなく,外部から客観的に判定する基準はないといってよい。

これらは基本的に,行動(観光行動)生起の時点における行動主体側の"意識と意図"に関するものなのであり,その有無は直接には観察(把握)することはできないのである。そこで,観光行動であるか否かを判定するためには,客観性のある外的条件を別に設定することが必要となる。それは,観光行動の"過程(プロセス)"であり,どのようなモノ・コトを利用したか,どうかかわったかを手がかりとするのである。

観光行動の説明として,最も明確なのは"観光事業の対象となる行動"という一種の逆説的説明である。一時的な移動・滞在をする人びとを対象として発展してきた事業(狭い意味での観光事業)の利用者は観光客であると考えられている。これらの観光事業からみると,観光のための事業の利用者となる人び

とは観光客であり、このような行動は、その内的条件のいかんにかかわらず観光行動とされるのである。交通機関（遊覧船や観光バス等）、宿泊施設（温泉地の旅館やリゾート・ホテル等）の利用などは、その典型的な例であり、利用そのものが外的条件となっている。

このようなことをふまえ、著者は観光行動に関する一般的理解として、次のような説明を行っている。

「観光を人間行動のひとつとして形態として理解する立場からいえば、観光即ち観光行動ということになるが、一般には、観光事業が対象とする観光客の移動・滞在・レクリエーションなどの行動を総称して観光行動という」（財団法人日本交通公社編『現代観光用語辞典』〈1984年刊〉収録）。

3）「観光」と「ツーリスト」

観光（Tourism）の主体は観光者（Tourist）である。観光の概念についてはさまざまな見解があり、共通性の高い定義が確立されているといえないが、不一致の原因の多くは語義的解釈によるものというよりも、後にふれるように観光をとらえる"視点の違い"によるところが多いと考えられる。

また、「観光」と「ツーリズム（Tourism）」とは語源を異にしており、「観光」が行動の目的ないし意義を示している言葉であるのに対して、「ツーリズム」は「ツアー」および「ツーリスト」より後になって用いられるようになったものであり、各地を回るという旅行形態や（自由な）旅行者の往来という社会事象を意味している言葉である。その意味からも、観光とツーリズムを同義語とすることに対して疑問を呈する立場もある[*]。

しかし、「日常生活（圏）を離れて、一時的に他地に赴くこと」という最も広い解釈をとる場合、観光とツーリズムを同義語とすることにはほとんど疑問の余地はないのであり、その行動主体をツーリストとすることについても同様である。ただし、以下に説明するように、ツーリストは観光者を含むより範囲の広い言葉として一般に用いられている点に注意する必要がある。

（*）前田編著『観光概論』同『現代観光総論』ならびに小谷達男著『観光事業論』などを参照。

第1章　観光行動の概念

　観光主体は，「観光客」と称するのが通例であるが，"客"という呼びかたはビジネス（提供者）側からみた場合の用語であるので，本書では，観光行動主体一般を意味するものとしては，「観光者」を用いることとし，ビジネスの対象としての"客"を意味するものとして用いられる場合に限って「観光客」の用語を使用している。

　なお，著者と同様な視点から観光行動の分析を試みたアメリカの研究者が，観光行動主体を意味するものとして「Tourisier」という言葉を提唱したことがあり，「観光（Tourism）は，Tourisier と，それを受入れ・対応する人びと（Tourisiee と称する）との一時的関係である」という説明を試みた。興味深い見解であるが，この言葉は一般性をもつには至ってはいない。

　「ツーリスト」とは何であるかを定義することは，ツーリストの往来現象として「ツーリズム（観光）」を説明することに外ならないのであり，そのために古くからツーリストについて定義することが試みられてきた。

　観光研究者の立場から「ツーリスト」に対する説明を最初に行ったのは，イギリスのオジルビー（F. W. Ogilvie）であり，「自分の定住地以外の所に1年間以内の期間滞在する人であり，その間，自分の定住地で取得した金銭を費消すること」を条件とした[*1]。

　彼の説明は，（国際観光における）ツーリストを国籍ではなく居住地で判定すべきであること，ツーリストとは基本的に訪れた国（土地）において就労し収入をえる人とは異なることなどを条件として指摘している点において評価に値するものであり，この見解は，現在に至るまで国際的な共通理解ともなっているものである。期間の長さに関しては，船旅が中心であった当時を反映しており，移住と区別する意味から"常識的な上限"が示されていたと考えられる。

4）「ツーリスト」に関する説明

　現在，一般に理解されているものは，「OECD観光委員会[*2]」が1965年提示

(*1)　『The Tourist Movement —An Economic Study— （1933年刊）』
(*2)　「経済開発協力機構」1961年創設され，日本を含めて先進24ヵ国が加盟国となっている。

したもので，次のような説明となっている。

「外国人ツーリスト（Foreign Tourist）とは，通常居住している以外の国を最低24時間訪れる者で，次のいずれかに該当する者をいう。

(1) 娯楽．家事，保健などの理由で旅行する者。
(2) 会議出席あるいは科学・行政・宗教・スポーツなどの代表の資格で旅行する者。
(3) 商用で旅行する者。
(4) 海上クルーズの途中来訪する者（滞在時間を問わない）。
 （「国内」の場合には「少なくとも24時間にわたり，ある場所を訪れる者」と読みかえるものとする）。」

この説明の原型となったのは，1937年に当時の国際連盟の統計専門委員会が「ツーリスト」に関する国際的統一基準として提唱したものである。注目すべきは，すでにその時代において，ツーリストと判定するための時間の長さについては，"上限"ではなく"下限"を条件としている点である。

また，1963年に開催された国際連合の国際旅行・観光会議では，ツーリストを含む「来訪者（Visitor）」の定義について議論がなされた結果，「定住する場所以外の国を訪問する者で，訪問国内で報酬を得る職業に携わらない者」を「ビジター」と規定する案が採択され，さらに，ビジターを「ツーリスト」と「エクスカーショニスト（Excursionist）」とに分類する考えが示された。

ここでの「ツーリスト」は，「訪問国を最低24時間滞在する一時訪問者であって，余暇（レクリエーション・休暇・スポーツ等），商用，会議等を目的とする者」とされ，これに対して「エクスカーショニスト」は，訪問国に24時間未満しか滞在しない一時訪問者を意味しており，クルーズ客はすべてこれに含まれるとされている。上記のOECDの説明においても，"24時間以上"がツーリストの条件とされており，24時間未満の場合は同様にエクスカーショニストの用語が用いられている。

このように「ツーリスト」に関する説明は共通して，24時間（1泊2日型）

を最低の時間的条件とする傾向があるが，ごく短期間の旅行や，航空機の乗り継ぎ時間を利用した観光が増加したことなどによって，ツーリストとエクスカーショニストを区別する必要はないという論議があり，また．世界各国の条件の違いから，「ツーリスト」等に対する解釈は依然としてかなり多様であり，世界各国の観光統計を利用する場合には，"定義"を確認する必要がある。

5) **日本の「外客統計」における分類と定義**

わが国の『外客統計年報』では，外客を以下のように分類・定義している。

図 1-1．「外客」の分類

外　　　客：外国人で，一時的に日本に来訪した者をいうが，駐留軍の軍人・軍属およびその家族，航空機・船舶の乗員は含まない。
一時上陸者：船舶・航空機の乗客で，その船舶等が同一出入港にある間に，その港の近傍に上陸する者。
滞　在　客：一時上陸客以外の者。
観　光　客：次の三つを総称していう。
　観光旅行者：観光を目的とする者。
　通　過　客：わが国を通過して外国へ旅行する目的で上陸し，その旅行目的に必要な期間滞在して出国する者。
　通過観光客：船舶に乗っている外国人客で，船舶がわが国の一つの港から他の港へ移動する間に上陸して臨時に観光し，次の港で再びその船舶に戻る者をいう。
商　用　客：わが国で貿易に従事したり，事業や投資の活動を行う者とその家族，および商用で短期間滞在する者。
そ の 他 客：このなかには，外交官・公用者の公務関係，教授・留学生等の学芸関係，興行者・宗教家・報道員・技術者等とその家族が含まれる。

（「出入国管理及び難民認定法〈改正 1981 年法律第 86 号〉」の定めにより，外客の資格・条件等によって滞在許可期間が異なっている。）

2. "行為"としての観光行動

1) 行動主体の「目的・動機」を重視したアプローチ

「行為」とは,行動主体自らが意図・意味を与えた行動である。先に紹介しツーリストに対する説明は,いずれも客観的に把握しうる"人の移動・滞在"を手がかりとし,行動主体の動機や目的を考慮の外においてのものである。

しかし,一方には,「(観光とは)人が再び戻る予定で,日常生活を離れ,レクリエーションを求めて移動すること(井上万寿蔵)〈1961〉」という説明にみられるように,「観光」そのものを行動主体の"目的や動機"の面から旅行一般と区別して説明しようとする考えかたがあり,観光の"現代的意義"を強調し,行動内容にまで踏み込んで観光一般を説明しようとした例もある[*]。

著者自身の「(観光とは)楽しみを目的とした旅行〈1978〉」という一般的な説明も基本的に同じ視点からのものであり,"何のために"という行動主体側の条件を重視しているのである。

ヨーロッパの研究者にも,同様な考えかたが認められるのであり,たとえば,「(観光とは)人が通常の居住地から他所へ移動し,かつ滞在するという事象とそれらの関係の総体概念であり,ただし,ここにいう移動・滞在には営利を動機とするものであってはならない〈フンチカー(W. Hunziker, 1959〉」という説明があげられる。これは,OECDなどによる説明と共通する面を多くもっているが,後段部分で"(広義の)楽しみを求めてのものである"ことを条件として加えているのである。

行動主体側の条件によって観光を説明せんとする考えは,人間における観光の意味や効果を分析するために重要であるのみならず,観光行動がいかにして生じるのかを明らかにするために不可欠なものである。しかしながら,行動主体側の条件は,基本的に内的基準なのであり,前に述べたように,それだけによって観光行動を直接把握することは困難なのである。

(*) 「観光政策審議会答申(1969~70)」における観光の定義,前掲書(前田)参照。

2)「旅行市場」としての全体把握

ベルギーの観光研究者タイドマン（M. Tideman）は，「旅行目的（目的が楽しみか・仕事か）」「行動の範囲（日常生活圏の内か外か）」「宿泊（有無および日数）」「行き先（国内・国外）」の条件の組み合わせにより，「旅行市場（Travel Market）」を分類するという考えを示した（図1-2）。

彼の分類には，"宿泊を伴わない外国旅行"がひとつのタイプとしてあげられるなど，ヨーロッパならではの考えかたがみられ，また，"楽しみのための宿泊旅行"が日数で「短期旅行（Short Stay）」と「長期旅行（Holiday）」に区分されており，ここでの「長期旅行」がいわゆる"リゾート需要"であり，ここでは4泊以上を区切りとしているが，現在では"5泊以上"をリゾートの対象としてとらえることがヨーロッパの一般基準である。

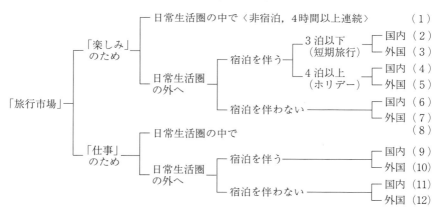

図 1-2.「旅行市場」の分類（M. Tideman〈1974〉に基づき構成）

(1)～(12)の旅行タイプと「ツーリスト」および「観光」に対する説明との関連性を整理してみると以下の通りである（表1-1）。

ツーリストあるいは観光（者）についての理解は，日常生活圏を一時的に離れ，宿泊を伴う者であるという点に関してはほとんど一致しており，見解が異なるのは，"仕事"を含めて「目的」を広くとらえるか，"楽しみのため"という個人的条件を重視するかという点なのである。このことはより一般的に，観

表 1-1. 「旅行市場」による区分とツーリスト・観光(者)説明との関係

タイプ	1	2	3	4	5	6	7	8	9	10	11	12
OECD (Foreign)	×	—	○	—	○	×	△	×	—	○	×	×
OECD (Domestic)	×	○	—	○	—	△	×	×	○	—	×	×
Ogilvie	×	○	○	○	○	×	×	×	○	○	×	×
井上　万寿蔵	×	○	○	○	○	△	△	×	×	×	×	×
Hunziker	×	○	○	○	○	×	×	×	×	×	×	×
前田　勇	×	○	○	○	○	△	△	×	×	×	×	×

○…ツーリストあるいは観光（行動）に該当することを示す。
△…エクスカーショニストあるいは観光（行動）に含まれる場合がある。

光行動把握の内的基準と外的基準の問題として理解することができるのであり，これらを統合する考えかたが必要となるのである。

3. 観光行動のパターン分類と総合把握

1) 各パターンの意味するもの

　観光行動を内的基準（条件）である「観光の意図」，外的基準（条件）である「観光事業の利用」，そして「意図の達成」という3つの条件の組み合わせによって6つのパターンをつくることができる（表1-2）。

表 1-2. 「観光行動」のパターン区分

パターン	観光の意図	観光事業の利用	意図の達成
1	[有]	[有]	[有]
2	[有]	[有]	無
3	[有]	無	[有]
4	[有]	無	無
5	無	[有]	（経験有）
6	無	[有]	無

観光行動を内的基準のみで規定すればパターン1～4が該当する。パターン3・4は（既存の）観光事業を利用していないため、観光客としては認知されず、観光に関する諸統計にも現れないと考えられる。観光事業としてまだ一般には認識されていない事業等を利用した場合もこれに該当する。

これに対して、パターン5・6は、行動生起時点において観光の意図はなかったが、結果的には観光事業を利用した場合であり、"観光客"として数えられることになる。OECD等の説明はまさにこれをツーリストに含む考えかたである。また、仕事等を目的とした旅行の途中に一時的に観光客となる場合もあり、「兼観光」のひとつのタイプと考えられる〈→5章〉。

行動の結果（意図の達成）は、時間・天候等々の別個な条件によっても影響されることがあり、また、特別の意図はなくとも結果的になんらかの経験をする場合もあり、行動主体の感受性なども関係してくると考えられる。

2) 観光行動理解のしかた

観光を事業としてとらえる観点から、観光行動とされるのはパターン1・2および5・6であり、基本的に"観光客"としての行動である。しかし、観光を人間行動として考える立場からみると、観光客としては現れにくいパターン3・4型がありうるのである。そして、3・4型が統計には含まれにくいのは当然としても、観光への志向性などに関する意見調査においては、5・6型は観光であるとは意識されないことに留意することが必要である。

行動生起の仕組み（＝モチベーション）研究や選択行動に影響するものとしての「イメージ」分析などの対象となるのは、基本的にパターン1～4の観光行動（＝観光行為）である。しかしまた、観光事業とのかかわりを通して具体的に現れる行動（＝観光客行動）の分析の対象として、パターン5・6を除くことはできないのである。

観光行動には、3種の異なるタイプ（1・2型、3・4型、5・6型）が含まれており、観光行為としての分析できる部分と、観光客行動として把握すべき部分とを併せもつものとして、観光行動を理解することが必要とされるのである。

第2章 「大衆消費社会」と観光行動

1. 消費者としての観光者

1)「消費者」の概念

「消費者 (Consumer)」とは，商品を購入することによって生活手段を得ている人びとのことである。したがって，"消費すること"ではなく，"消費者"が社会に認識されるのは，商品が生産・販売されるようになり，また一方に，それを購入する人がいるという商品生産社会が成立してからのことであって，大量に消費者が現れるのは"産業化"が進む過程においてなのである。このことは，後で述べる「余暇」の問題とも密接なかかわりがある。

作物を栽培し収穫されたものを自分たちの食料とする例にみられるように，"生産と消費に関する活動"が狭い範囲で自己完結的に行われている段階においては，消費者は存在しなかったといってもよいのである。

技術的な進歩や交換の仕組みが次第に整えられることによって，さまざまな商品（貨幣と交換されること〈＝販売されること〉を前提とした作り出された製品とサービス）が社会に登場してくるようになる。そして一方では，労働の集約化がみられるようになり，多くの人びとが新しい産業へと吸収される結果として，賃金労働者が生まれてきた。さらに産業化が進展することにより，国民の多数は賃金や給与によって生活を維持するものとなり，生活のためにさまざまな商品を購入する人となったのである。

給与生活者が多数を占める社会（＝産業化の進んだ社会）においては，給与の額，さらにその購買力がどのような対象に向けられるかは国の経済全体に大きな影響力をもつ。商品と消費者とに関する経営的問題を扱うマーケティング (Marketing) という領域がアメリカで設立したのは，1910年代とされている。それは，商品生産部門の進歩に対応した流通機構のありかたや消費者そのもの

への関心が，世界で最も早く高まっていたことを意味しており，わが国で本格的な取り組みがなされるのは，ずっと後の1950年代以降のことなのである。

2)「観光者」の性格

消費者行動論の観点からみると，観光行動は消費行動の一種であり，観光者は消費者のひとつの形態であると考えることができる。観光行動の最大の特徴は，"日常生活圏を一時的に離れて"行われることであり，日常生活圏内で行われることを中心とする一般の消費行動とこの点に違いがある。そしてまた，行動の対象となるものが，一般の消費行動では「製品」と「サービス」の双方であるのに対して，観光行動の場合は土産品購入などを除くと，サービス利用が中心となっている。ただし，「製品」と「サービス」との区分は実際には明確ではないことが多く，モノであってもサービスを伴うことを必須条件とするものもある。また，日常生活圏・非日常生活圏の区分も相対的なものであり，交通機関の条件によって大きく異なるだけではなく，個人差もあり，その中間に，日常的なレジャー活動の対象空間として"半日常生活圏"の概念を設定することもできる（図2-1）。

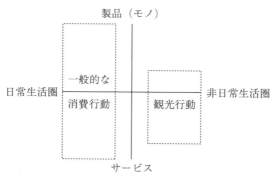

図 2-1．消費行動一般と観光行動

このように観光行動を"非日常生活圏における消費行動"として理解することができるが，観光行動の分析において重要な意味をもつのは，非日常生活圏として"どこを選ぶか""そこへどのように赴くか"という選択の問題なのであ

る。それは，一般の消費行動における商品・銘柄・店舗等に対する選択とは基本的に異なるものである。

日常生活においては，自分自身および家族等の生活を維持するために，商品・サービスの購入・利用を必ず行わなければならない面をかなり多くもっているのに対して，観光行動は，基本的に時間・経済などの"生活の余裕"を条件として生起しうる行動であり，観光行動そのものが"選択できる行動"なのである。したがって観光者は，消費者が誕生することによって自然に現れるわけではなく，消費者が経済的余裕をもつことができるようになり，さらに，自由につかうことのできる時間的余裕を併せてもつことができるような段階において，はじめて社会にその姿をみせるのである。

仕事や研究のために，あるいは信仰上の理由によって，他地へと赴く旅行者（Traveler）は古くから存在していたし，一部の特権階級や富裕な人びとにより"楽しみのための旅行"が行われていたことも歴史的事実である。しかしわれわれが対象とする"多くの人びとが参加する観光"の行動主体である観光者は，「大衆消費社会」と「大衆余暇社会」の両者の成立によって，本格的に登場するようになった"消費者の新しい側面"として理解する必要があるのである。

2. 「大衆消費社会」と「大衆余暇社会」

1) 「大衆消費社会」の意味

大衆消費社会とは，所得水準が上昇し，人間の生存に必要不可欠なもの以外を国民大衆が購入・利用できる状態の社会を意味し，さらに，消費支出の動向（消費性向・支出費目配分等）が経済全体に及ぼす強い影響を及ぼす社会を称しており，一般に消費者の影響力が大きな社会を意味している。

「大衆消費社会」という用語を最初に使用したのは，アメリカの経済史学者ロストウ（W. W. Rostow）であり，1960年に発表した『経済成長の諸段階』において，すべての社会は「伝統的社会」から「離陸（Take-Off）」の段階を経て「高度大衆消費社会」へと移行するという発展段階理論を展開した。この理論にお

ける「離陸」とは，産業化により経済面を中心に社会変革が急速に進展する段階であり，イギリスは18世紀末，アメリカ・フランスは19世紀中頃，そして日本は19世紀末頃（1978〈明治11〉～1900〈明治33〉）がこれに該当する時代であったと説明している。

"離陸"した社会は，長い発展の時代である"成熟への前進"を経た後に，「高度大衆消費社会」に到達する。

「高度大衆消費社会（The Age of High Mass-Consumption）」とは，国民1人あたりの実質所得が上昇した結果として"消費の自由"が得られるようになる社会であり，また，都市人口の増大や労働力構造変化（農業部門の減少・サービス部門の増大）がみられる社会である。

この段階に到達するには，① 技術と生産力が，人間の生存に必要な物資を十分に供給できる水準以上にあること，② 国民所得が生存に必要な物資以外の製品・サービスを購入・利用できる水準に達していること，が必要条件として指摘されており，アメリカは1920年代の初め，西欧諸国は1930年代，そして日本は1950年代中頃（昭和30年頃）に，この段階に達したとされている。

2) わが国における「大衆消費社会」の成立

日本の消費水準が第二次大戦以前の最高水準（1934～36年）を回復したのは1953(昭和28)年であったが，その後の継続的な経済成長によって，わが国は次第にロストウのいう"大衆消費社会的状況"を呈するようになっていった。

そして，1950年代後半（昭和30年代前半）になると消費生活面の変化が急速に進んだ結果，「消費革命（Consumption Revolution）」と称される状況が社会に広がった。この名称を最初に用いたのは1959（昭和34）年の『経済白書』であったが，"生活の近代化・合理化""生活意識の変化"などを意味・内容としていた。

この「消費革命」は，① 所得の増大，② 各種の新商品の開発と組織的販売，③ マス・コミの発達による"情報"の飛躍的増大，④ 消費者の"価値意識"の変化，を主たる理由として生じたものと考えられている。経済的条件とともに，

大きな影響を与えたのは，④の消費者意識の変化である。電波メディアの発達によって多くの情報をもつようになった人びとは，"人並みでありたい"という意識をもち，この意識を介して"アベレージライフ志向""物的充足志向"などの欲求が強まり，家庭電化製品の購入に拍車がかけられたのである。

消費生活の変化では，①耐久消費財の急速な普及，②所得の平準化と意識の変化による消費の平準化，③総中流化（階層帰属意識の変化），④割賦販売等の普及による購買の先行化，⑤ライフサイクルの短い商品の登場，⑥外食の増加や加工食品の多用による食生活の変化などが顕著なものとしてあげられた。

すでにこの時期に，"レジャー・ブーム"そして"観光の大衆化"の兆しがみえ，"楽しむことを支持する意識"が生まれつつあったが，具体的な行動はまだ限られていた。

3）「大衆余暇社会」の誕生

産業化が進む以前の社会において，人びとの労働と余暇を規定していたのは，"自然"であり，さらには宗教や村落共同体のルールであった。農業を中心とする社会においては，労働と余暇の区切りは不明確になりやすく，また，製造・加工においても手工業中心の段階では労働時間と余暇時間とは未分化の場合が多く，労働と余暇とが異なる性格のものとして対立的にとらえる考えかたは生じにくい。

しかし，19世紀以降，余暇はそれまでとは全く性格の異なる問題となってくる。産業化の進展によって急激に増大した産業労働者（＝消費者）は，基本的に労働時間と賃金（給与）とを交換しているのであり，その意味での労働時間は"各人の自由にならない時間"として位置づけられる。そして，それに対立するものとして"自由に使える時間（＝余暇時間）"の重要性が大きく浮かびあがってくる。

（工場での）労働時間の問題は，1日24時間をどう配分するかということに始まっている。産業化の初期の段階では，生産は機械を稼働させた時間の長さに決定的に依存していたために，使用者側は労働時間を延長しようとし，労働者

の健康に悪影響が現れる状態さえもみられたのである。この不当に長い労働時間を1日8時間とし，1週間で48時間に短縮させようということから労働運動は始まった。この「8時間労働制」実現に向けて運動することが最初に決議されたのが，1866年開催の「国際労働者会議（第1インターナショナル）」であり，この会議で「8時間の労働・8時間の睡眠・8時間の自主（＝余暇）」という有名なスローガンが採択されたのである。しかし，この要求が各国で認められるまでにはかなりの年月が必要であり，わが国で「8時間労働制」が確立するのは第二次世界大戦後のことであった。

1日ごとに自由に使うことができる時間（＝余暇）が確保されるようになった段階から，労働と余暇とは両立し共存しうるものとなり，余暇をどう利用するかなどが新しい問題として少しずつ取り上げられるようになっていった。

しかし，余暇の意味や意義，"機能"など(*)が社会的関心を集めるのは，1日単位だけでなく，週休日の増加や年間の休暇制度の確立などにより，量的にも質的にも多様な余暇活動が可能となるようになってからのことである。北アメリカや西ヨーロッパ諸国では，1950年代以降に週休2日制や連続休暇制度（一般に"ホリデー"という）が急速に進展し，リゾート地での長期滞在や，いわゆる"バカンス旅行"が国民生活に広がりを示した。

わが国においても1970年代に入ると，これらの制度が徐々に採り入れられるようになり，この時期から日本社会における余暇時間と余暇活動の性格は大きく変化を示すようになる。それは，余暇はもはや労働時間との関係だけでとらえられるものではなく，社会的・経済的諸条件と関係して，社会全体としての問題となったことを意味している。

余暇が社会に広がりをもつようになる要因のひとつには，ロストウが「高度大衆消費社会」の特徴としてあげた産業・就業構造の変化によって，"自由になる時間をもちやすくなった人びと"の増大がある。また，勤務する女性が増え

(*) 「余暇」の概念・機能等については，前田編著『観光概論』他を参照。

ることによって,"自分の時間として"余暇をもつことが可能となった人びとの増加,高学歴化が進んだことにより"自由な時間をもつ若者"の増加なども大きな要因である。さらに,家庭の電化や家庭を対象とした"新しいサービス"の登場などによって家事労働が軽減されたことも関係している。

余暇活動の一般化は,"余暇を肯定・是認する考え"を自明のこととして支援し,「消費革命」期以来,社会に浸透してきた"生活を楽しむ価値観"とも影響し合って,余暇に対する関心をさらに高めることに作用した結果として,「大衆余暇社会」あるいは"マス・レジャーの時代"が到来したのである。

3. 観光行動の動向と課題

1) 観光行動の時代的変遷

「大衆消費社会」の成立を背景として,さらに「大衆余暇社会」の到来によって,経済的条件と時間的条件とを併せもつことによって,自由な選択を特徴とする消費行動である観光行動が急速に広がりを示すこととなった。その時代的変遷を概観してみよう。

"(まれに)気晴らしを求めた時代"

わが国において観光行動が徐々に活発になるのは1950年代後半であるが,観光需要として増加傾向が顕著になるのは「消費革命」後の1960年代に入ってからであった。この時期にはすでに,"マス・レジャー時代の到来"が一部では叫ばれていたが,レジャーは"豊かさの象徴"といったイメージだけが先行する傾向にあり,多分にムード的であった。観光への参加者も企業・地域・学校を単位とした団体が中心であり,行き先としても近郊が多く,観光行動として外国を訪れる者はごく限られていた。観光行動そのものが,きわめて非日常的な経験である場合が多く,その意味で"(まれに)気晴らしを求めた時代"と称することができるのである。

"皆が出かける(参加する)ようになった時代"

1960年代後半以降,レジャー(余暇活動)は次第に国民大衆のものとなり,

その活動も多様性を呈しはじめ，観光行動も大きな広がりを示すようになる。そこには，高度経済成長期以来の継続的な所得上昇に加え，前述した余暇活動の一般化が関係している。

　しかし，これら以上に大きな影響を与えたものは，レジャー需要とくに観光需要の増大傾向を一早く察知し，活発に投資を行い，新しい事業を展開せんとした"観光・レジャー関連産業"の活動そのものであった。観光に関しては，宿泊業の新規開業・増改築が相次ぎ，新しい観光地づくりが各地区で活発に展開され，さらに，観光需要拡大のプロモーター役と位置づけられた旅行業を開業せんとする企業は急増した。

　旅行会社はこの時期から，交通と宿泊を中心に各種の要素を組み合わせることによって，さまざまな「旅行商品」を企画・販売するようになったが，消費行動として観光行動をとらえる場合，このことのもつ意味は大きい。それは，この段階以後，観光者は一般の商品を選択・購入するのと同様な感覚で，観光に参加することが可能となったからである。また，交通条件の変化もきわめて大きなものがあり，観光需要の増大と密接なかかわりをもつものとなった。

　外国旅行も大きな伸びを示すようになったが，旅行者の中心は男性であり，行き先としても近隣諸国が大半を占めていた。

　この時代には，観光参加者の増大そのものが観光に関する"新しい情報"となり，その相乗作用によって，"皆が行くなら私も"という考えかたが社会に広がったのであり，"観光の大衆化（マス・ツーリズム）"が社会的事象して本格的に出現したのである。この時代を象徴する"出来事"として，1970年に大阪で開催された「万国博覧会」と，同年秋から当時の国鉄によって行われた「ディスカバージャパン・キャンペーン」をあげることができる。

"生活の中の観光の時代"

　"産業主導型"で活発化した観光は，1970年代後半以降，次第にその性格が変化する。直接のきっかけとなったのは73年秋の「オイル・ショック」であるが，順調に推移してきた消費生活が一変したことにより，レジャーを含め生活

態度全体に大きな影響を与えた。そして，生活の中で最も適した形で，観光をはじめとするレジャーを有効に利用する傾向が強まってくる。そこには，レジャーとくに観光を"生活の一部"とする考えかたの台頭があり，また，すでに"観光になれ親しんだ層"の広がりが認められるのである。

　1980年代以降，観光参加者は国民各層へとさらに広がり，国内観光では，若者と中高年齢者の双方が活発な動きを示し，旅行の行き先や形態は多様化傾向を強めていった。外国への観光に関しては，1980年代に入ると女性の占める比率が年をおって高まり，92年には全体の40％を上まわり，さらに増大する傾向にある。行き先国・地域も分散化がみられるようになり，目的とする行動も国内同様に多様化しつつある。観光者に対する情報刺激に関しては，かつての時代のように，観光事業側からの特定の働きかけに対して一斉に同様に反応するといったことは，次第にみられなくなってきているのであり，これは，消費行動一般にあてはまる傾向である。これらは，観光が生活の中に定着する時代となっていることを示しているのである。

2) 観光需要の現代的特徴

　観光需要を規定する条件には，時間・所得などの行動主体側の条件の他に，観光者と行き先とを結ぶ交通機関等の媒介的条件，国・地域および観光事業側が市場（潜在的な観光者の集合体）に対して展開する情報提供や観光客誘致に関する具体的な活動を総称した"マーケティング活動条件"がある。

　現代の観光需要は，行動主体側の条件によって変動する部分と，マーケティング活動条件（外部からの働きかけ）によって変動しうる部分から構成される"重層構造"をなしていると考えることでき，"生活の中の観光の時代"になってからは，とくにこの傾向がはっきりと認められる。

　行動主体側の条件による変動は，観光をするかしないかという"需要の量"についてではなく，「水準・規模・目的行為」などの"需要の質"により関係しており，個人あるいは世帯を単位としての観光の性格に影響を与えている。

　これに対して，外部からの働きかけ条件による変動は，観光行動の「行き先・

行きかた」などの"需要の流れ"に影響を与えており，とくに若年層・中高年層および女性一般の個人および団体での観光行動に関係している。これらの層は，経済的要因の変化が相対的に少なく，観光のための時間・費用の条件をあらかじめ整えやすいという点においての共通性がある。そして，行き先や行きかたの選択が関心の中心となり，外部からの情報刺激の影響を受け，話題性にも敏感に反応するが，話題性は次の話題性にとって代わられることになり，"人気"の移りかわりも激しくなるのである。

"生活の中の観光の時代"とは，観光行動をすることそのものの選択が重要であった時代を過ぎ，どこに，何をしに出かけるかを，多くの人が自由に選択することができる時代なのである。これは，成熟化した市場における消費行動に共通することなのである。

3） 観光大衆化時代の課題

大衆消費社会は，社会の発展過程における，いくつかの特徴をもつ社会なのである。"理想の社会"を意味しているわけではなく，すでにこの社会が成立したとされる段階からさまざまな疑問と批判とが提起され，批判の主たるものは，「需要と供給の悪循環による資源浪費問題」「欲求を常に刺激することに対する倫理問題」に向けられていた。これらの問題は，現在も続いているのであり，わが国でも1980年代後半から盛んである"豊かさ論"の根底には，これらの問題がある。

観光大衆化社会に関しても，その社会が成立したことの意味や特徴とともに社会が抱えているさまざまな問題を理解することが求められのである。消費社会の成立によって，消費者保護が重要な社会的課題となったように，観光者の権利と保護に関する問題はそのひとつである〈→8章〉。

また，観光行動の質的向上に関する問題，さらに，環境・資源の保護，地域社会への影響など，観光の広がりとともに，解決すべき課題もまた重要なものとなってきているのである。

第3章　行動分析の基礎概念

1. 行動分析の一般モデル

1) "4つの科学"と"異なる行動主体像"

　第2章で説明したように，観光行動は消費者行動の一形態として把握できる面を多くもっており，観光行動一般を理解するために，消費者行動分析の方法を適用することが有効性をもつ領域は少なくない。

　消費者行動に関して，どのような仕組みによって行動が決定されているのかを一般的に説明すること（＝一般モデルの提示）に対する関心が高まったのは1960年代の初頭からである。その先駆者であったマーケティング学者ハワード（J. A. Howard）は，購買に直接かかわる部分を中心とする消費者行動を説明せんとしている科学として，経済学・心理学・社会心理学・社会学の4つをあげ，それぞれが異なる側面や要因をとらえていることを指摘した。

　経済学が購買行動を取り扱う場合，行動を"効用"との関連でとらえようとしており，行動主体は一般に，効用を重視して合理的な判断をする主体であると考える傾向があるとされる。

　これに対して，心理学は行動を起こさせる欲求・動因，学習過程などをより重視して人間行動を理解しようとするため，行動主体もまた，心理的内的要因に基づいて影響されるものと考える傾向が強いとされる。

　社会心理学は，個々の行動の心理的原動力である欲求よりも，"持続性のある行動形式"としての「態度」に注目し，さらに，"他の人びとの影響"を重視する傾向があり，外部からの影響をうけるものとして行動主体をとらえる傾向があるとされる。

　さらに，社会学は人間集団や社会構造との関連から人間行動を理解しようとしており，行動主体は，家族関係や社会階層などの"集合体"の影響をうける

ものとしてとらえられる傾向があるとされる。

このように、同一の行動であっても、それをどのような角度からとらえ、どのような点に注目するかによって、それぞれ"異なった像"が描かれることを指摘したのである。

2) "5つの行動論モデル"

マーケティング学者コトラー（P. Kotler）は、ハワードの考えをより発展させ、購買者行動をそれぞれ部分的に説明するために有効性をもつものとして、"5つの行動論モデル"を1965年に発表した。

彼は、行動論モデル設定の前提として、消費者が購買に関係するさまざまな情報の影響をうけ、具体的な購買反応に至るまでの過程を〈インプット―アウトプット・システム〉として想定している。インプット（＝購買への影響）としては、品質・価格・スタイル・イメージなどがあり、消費者にこれらの到達するチャンネル（手がかり）として、広告・セールスマン・友人知人・直接の観察などがあげられている。これらのチャンネルを通してインプットされた情報が"加工処理"され、アウトプットされたものが具体的な結果であり、選択されたものとしての購買行動である。

問題は、加工処理がどのようになされているのかであるが、これは行動主体の心理過程であって、直接の観察は不可能な"ブラック・ボックス"である。

コトラーは、このブラック・ボックス内部のメカニズムについて、すべてを完全に説明しえるモデルは存在しないが、いくつかの部分的モデルが有効性をもつ場合があると主張した。

この考えかたは、観光行動研究にも適用することが可能であり、とくに前提となっている〈インプット―アウトプット・システム〉は、"選択行動として観光行動"を理解するうえで共通性をもっている。ただし、ここでの購買行動における選択が、対象となる具体的商品一般に関するものであるのに対して、観光においては、観光行動そのものが生起するにあたっての選択（観光行為としての選択）と、行動の中での土産品購買などの場面においての選択（観光客行

動としての選択）という性格の異なる選択があることに留意しておくことが必要である。

コトラーは，部分的モデルとして，人間行動理解に関して独自の構想を提起した5人の研究者の名前を冠した"行動論"をあげている。

① 『マーシャル派の経済学的モデル』

イギリスの経済学者マーシャルの名によったものであって，「購買に関する意思決定は主として合理的・意識的な経済判断の結果である」とする人間行動をとらえる考えかたを代表している。このモデルでの人間像は，"合理的経済人"であり，観光行動に関しては，同じ旅行先であれば価格の安い「旅行商品」の方が選択されやすいことや，低廉な宿泊施設が好まれる傾向などを説明できる。しかし，人間の選択がすべて合理的あるいは実利的ではないことも明らかであり，消費者行動一般に関して，価格の影響など長期的・平均的効果を説明するうえで有効性があるとされている。

② 『パブロフ派の学習理論モデル』

これは「条件反射理論」で知られるロシアの生理学者パブロフに由来しており，「満足を与えたものは反復され，不満足な場合は別なものが探される」という学習（経験）の結果として人間行動をとらえる考えかたであり，このモデルの人間像は"習慣人"である。観光行動においても，行き先や施設・店舗等の中で"気に入ったところ"が反復されることがあり，いわゆる「リピーター（再訪問〈利用〉者）」をつくる条件や仕組みを分析するために有効である。しかし，他の社会的要因の影響をうける行動については説明に限界がある。

③ 『フロイト派の精神分析モデル』

「精神分析論」の創始者フロイトによったもので，「行動は心の世界の奥深いところから生れてくる"欲望"によって大きく影響される」ものとして人間行動をとらえる考えかたであり，人間像は"非合理的情緒人"である。購買行動においては"商品の象徴性"が意味をもつと考え，モチベー

ション・リサーチに強い影響を与えた〈→9章〉。

　観光行動に関しても，行き先地に対するイメージや土産品の購買などについて，このモデルの考えかたが示唆を与える場合が多い。

④　『ヴェブレン派の社会心理学的モデル』

　19世紀末に，人間行動の多くの部分が他の人びとによって規定されていることを指摘し，後の社会心理学に強い影響を与えた社会人類学者ヴェブレンの名によったものであり，「他人の影響を強くうけるもの」として人間を理解する考えの代表であり，人間像はいうまでもなく"社会人"である。

　この行動モデルは，社会現象として観光を説明する際に有効であるが，消費者行動についての場合と同様に，一般論すぎるという欠陥がある。

⑤　『ホッブス派の組織要因モデル』

　これは①～④と異なり，組織購買者（たとえば会社の購買担当者）についてのものであり，組織における購買担当者は「組織的要請と個人的満足とを調和させようとする」と説明している。この考えは『リヴァイアサン』を著した17世紀イギリスの哲学者ホッブスが政治に関して述べたことと共通しているという意味で，その名がつけられており，"調和人"が人間像のイメージである。

　このモデルは，組織購買者に関してだけではなく，観光を含む消費者行動一般の説明にかなり有効性をもっていると考えられる。それは，選択において，対象となる商品の価格等の実質的条件と人間関係的条件とのバランスをどう図るかを説明しているからであり，とくに，商品の性能や価格などの差が小さくなっている社会における選択問題として重要である。

　観光行動に関していえば，内容的にほぼ同じな「旅行商品」が複数あるとして，価格が明らかに違えば安い方が選ばれるのは当然として，あまり差がない場合にどうなるかということであり，旅行社あるいは担当者との"個人的関係"がかなりの影響力をもつことも予想されるのである。このことは，ホテル・旅館等の選択にも十分あてはまる。

3) "複合的人間像"としての理解

コトラーによる「行動論モデル」は，具体的行動を説明しているものではないが，複雑な要素から構成されている行動を整理・分析するための理論的な手がかりとすることができ，その後，これを修正・発展させた論文がいくつも発表されている。

実際に"5つのモデル"が単一で適用できる例は少ないと考えられ，それらを組み合わせることがより有効であるといえよう。⑤を除いた4つのモデルによる"人間像"を仮に座標軸上に配置してみると，組み合わせによってⅠ～Ⅳの象現を描くことができる（図3-1）。

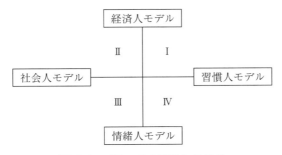

図 3-1． "4つの人間像"の関係

第Ⅰ象現の行動は，日常生活にみられる多くのものであり，品質と価格とのバランスなどが主たる理由となって，継続的に行われている行動である。観光行動に関しては，ある種の募集旅行の継続的参加者や低廉宿泊施設の愛好者の行動が該当している。第Ⅱ象現は，低価格・利便性などが評判となり不特定多数が利用する行動であり，"トレンド"としてとらえられることもある。観光行動においては，「旅行商品」の選択・購買などに現れる例が多い。

第Ⅲ象現の行動は，いわゆる"はやり"であり，ファッションの領域において典型的に現れやすい。観光行動におけるさまざまなブームも一般的にはこれに該当すると考えられる。第Ⅳ象現の行動は，基本的に"ファン"の行動であり，情緒性を伴った継続的愛好行動である。観光行動においても，このタイプ

の行動はかなりみられるが，一方には"経験とは関係なく一貫して嫌う"という反応を示すこともあり，後で述べる「態度」に近いものである。

2. 行動分析の基礎概念 （1）動機と欲求構造
─「心理学的行動主体」理解の視点─

1） 要求・欲求の概念

行動を生起させる心理的原動力を要求（Need）・欲求（Want），具体的行動に駆りたてる力を動機（Motive）・動因（Drive）という。これに対して，特定の行動を起こさせ，要求・欲求を解消させたり満足させる対象を目標（Goal）・誘因（Incentive）という。

要求・欲求・動機等の概念としての区別は必ずしも明確ではなく，互換的に用いられることもあり，これらがいずれも人間行動の原動力であることには違いはない。しかし，人間行動の仕組み・構造に対して理解するためには，これらの原理的な違いについて考察することが必要なのである。

要求とは，それが生起した場合には解消するためになんらかの行動を必要とする不満足あるいは不安定が生じる"内的発動因"であって，人間に共通した生理的レベルに基礎を置いた概念であり，その意味で「必要」の訳語をあてる場合もある。これに対して欲求は，多分に社会的レベルでの用語であり，要求を意識し，それをどのような手段によって解消したいかという行動生起の力であり，空腹の際に，何を・どう食べたいかというのが欲求である。また，動機は，心理的原動力そのものではなく，要求や欲求に基づいて人間を目標指向的に動かす力として位置づけられる。類似概念に「欲望（Desire）」があるが，これは個人的な希望や長期的な目標に関する欲求であり，社会的影響が強い。

要求・欲求をこのように理解することにより，マーケティングが，「要求を欲求に変換せんとする活動」あるいは「欲求から欲望をつくりださんとする活動」などと称されることの意味がより明確なものとなるのであろう。

2) 要求等の分類

要求等は，古い時代から現在に至るまで，さまざまな分類が試みられているが未だ定説はない。しかし，共通しているのは，生理的なものと社会的なものとを区分するという考えかたであり，生物因的・社会因的，1次的（基本的）・2次的（誘導的），獲得的・回避的などの2分法がなされている。

一般に利用されることの多いのは，マレー（H. A. Murry）の分類であって，要求を1次的・2次的に大別したうえで，さらにそれぞれを詳細に分類している（1938年）。

1次的要求は以下の通り区分されており，前記したように"基本的不安定"であることが示されている。

- A. 欠乏（→摂取）………吸気，水分，食物，感覚（の満足）
- B. 緊張（→放出）………分泌（性・乳），排せつ，呼気（二酸化炭素）
- C. 害　（→回避）………不快，痛み，極端な熱・冷

マレー以外に，要求等を分類した例は多く，とくに2次的（社会的）欲求に関してはさまざまである。しかし，その基準が不明確な場合があり，とくに実務的観点からの分類ではその傾向がある。要求・欲求等は，人間行動一般を説明するための概念なのであり，ある時代・ある社会にみられる行動や社会現象の原因を要求・欲求に求め，あたかも普遍的なものであるように考えるのは誤りなのであり，この点については後に改めて説明する〈→6章〉。

3)「モチベーション（動機づけ）」の概念

要求等がどんなに詳細に分類されたとしても，それだけで行動を的確に説明することはできない。要求や欲求は，対象となるものとの関係によって行動として現れるのであり，対象を選択することを基本的特徴とする社会的行動においては，とくに傾向が強い。

そこで，内的発動因（要求・欲求，動機等）と外的誘発因（＝目標，誘因）とを併せて，行動生起の仕組みを力動的に把握しようする考えかたが登場してきたのであり，これが「モチベーション（Motivation）」の概念である。

空腹の度合いが同じであっても、対象となる食べ物が好きなものか嫌いなものであるかによって、食べるという行動そのものの意味も生起のしかたも異なるのである。しかし、空腹の度合いがさらに強くなれば、"好み"の影響力は小さくなり、また、満腹状態であっても、好きな食べ物であればそれによって食欲がひき起こされることもありうるのである。

モチベーションの概念によって、要求・欲求と目標との相互作用の結果としての行動生起の仕組みを、より明確に把握することが可能となるのである（観光行動に関する要求等およびモチベーションについては6・7章を参照）。

4) 要求水準と「欲求段階説」

要求水準 (level of aspiration)」とは、ある行動をする場合に自分で設定して、主観的に達成したいと考える目標の高さである。テストで何点位をとりたいと期待することや、就職に際し、どのレベルの会社に入社したいと考えるなどはその例である。要求水準に関して、次のようなことが認められている。

① 達成されると上昇し、失敗すると低下する傾向がある。
② 個人的経験だけではなく、その人の所属する集団の影響をうけやすく、また、情報による影響もある。
③ 現実志向的で、実際の達成水準の近くに設定されることが多い。

一般に「満足」は要求水準と達成水準との関係によって決まると考えられるのであり、要求水準が高すぎる場合には失敗（不満足）の可能性も高くなる。観光においては、行動生起に影響を与える場合と、観光客として一時的に期待の水準が高くなる場合との両方に関係している〈→8章〉。

人間の求めるレベルが常に同じではないことを説明しているのが、要求水準の概念であるが、要求・欲求そのものが段階的に発展し変容することを指摘しているのがマズロー（A. Maslow）の「欲求段階（階層）説」である。

彼は、人間の欲求は、生理的・安定と安全・所属と愛情・尊敬・自己実現の順に"5つの階層"を成していると考え、低次の欲求（＝生理的レベル）が満たされることによって、次の段階の欲求が顕在化し、その欲求が満足されるとさ

らに高次な欲求が意識されるとした。そして最終段階として,自己の能力を発揮することや自分がそうありたいと願うことを意味する"自己実現の欲求"が最も強い力をもつと主張したのである。

この「欲求段階説」は,欲求が充足されることによって,さらに高次なものへと拡大されること,人間が究極的に求めているのは"自己の存在確認"であることなどを示しており,興味深い内容となっている。観光に関しても,志向の変化を考察するうえで参考になる点が多い。

3. 行動分析の基礎概念 (2)「態度」の機能と影響
―「社会心理学的行動主体」理解の視点―

1)「態度」の概念

「態度(Attitude)」とは,人間がある対象についてもっている"心理的な準備状態"を意味しており,直接に観察できるものではなく,仮定的あるいは潜在的な変数である。

態度は,特定の行為や反応に関するものではなく,多数の関連する行為や反応から導きだされた概念なのである。たとえば,ある人がA社よりB社に対して"好意的な態度"をもっているという場合は,B社の商品や企業活動に対する発言や行動が,A社に対してのものよりも"一貫して好意的である"ことを意味しているのである。

消費者(観光行動主体となることを含む)の態度という場合,消費すること(観光すること)そのもの,および行動の対象となるさまざまな事物に対する"ある程度持続的な,選好の様式および行為の傾向"を意味している。

態度は,行動そのものではなく"準備体制"であるが,好意的―非好意的,積極的―消極的などの感情と方向性とをもっている。また,ある程度の構造性をもっており,たとえば,政治的に保守的な人は,他の事柄に対しても保守的である可能性が強く,この点において,対象に対する情緒性の強い主観的評価とされる「イメージ」とは異なっている。

態度が重要な意味をもつのは，その人（あるいは人びと）の行動傾向を示した概念であるからであり，人間行動に対する社会心理学的アプローチにおいて，個人に属する欲求・動機よりも重視されているのはそのためである。

2) **態度の形成と機能**

態度は基本的に後天的に形成されるものであり，人・事物などとの経験を通して形成されていくのである。第1に個人的な経験があり，好ましい経験を与えてくれた対象に対しては，一般に"好意的態度"がつくられやすい。

第2に情報の影響があり，情報を通して，"よくは知らない対象"に対しても"好ましい・好ましくない"といった態度がつくられるのであり，とくに，"権威があると感じられる情報"が商品の宣伝などに利用される場合が多い。

第3に所属している集団（国・地域・組織・団体・家族等）の影響があり，周囲の人びととの関係によって，個々人の考えをこえて，似かよった評価・反応様式がつくられることがある。かなり以前から，日本の若い女性とくに学生に認められる"外国旅行に対する積極的態度"は，上記の2および3の相乗作用によって形成されていると考えることができる。

第4に，強い感情を伴う体験が原因となり，ある対象について否定的態度が"無意識に"つくられてしまう場合がある。これは「心的外傷（trauma）」と称され，人種的偏見などの原因のひとつとされている。

形成された態度は，対象をとらえる際に，"好ましい・好ましくない"といった判断を行う"認知的役割"と，好ましいものを受容・支持し，好ましくないものを拒絶する"動機づけ的役割"との2つの側面を併せもっており，さまざまな形で人間行動に影響を与えている。

仮定的あるいは潜在的な変数である態度が，行動研究に寄与するようになったのは，意見を手がかりとして態度を測定する方法が研究されたからであり，現在までに多くの方法が開発されている。観光行動に関しても，態度測定がなされることもあるが，対象に対する情緒的評価の側面が強調された「イメージ調査」である場合が多く，本格的な態度調査の実施は今後の課題である。

第4章　消費行動としての観光行動

1. 「選択行動」の分析

1) 選択行動としての消費行動

　第2章および第3章で説明したように，観光者は消費者のひとつの側面であり，観光行動は消費行動のひとつの形態として把握することができる。現代の消費行動の最大の特徴は，"自由な選択"が可能であることであり，観光行動においては，その意味はさらに大きいのである。ここでは，（観光行動を含めて）消費行動における「選択」について考察してみよう。

　すでに述べたように，「大衆消費社会」における消費者は，商品を生産したり販売を行っている事業者側からのさまざまな働きかけをうけている。消費者は数多くの商品の中から，また多くの販売者の中から，それぞれが"適当"と思われるものを選択し，購入しているのである。生産・販売者側はさまざまな方法によって購入者側に働きかけ，自社にとって有利となる商品が選択されるように試みているが，最終決定を行うことのできるのは購入者（消費者）自身である。その意味では，消費者は自由な選択を行いうる主体である。

　しかし，自由な選択であるといっても，なんらかの"枠の中"での選択であり，具体的な対象の選択範囲があることもまた事実である。"商品"となっているということは，なんらかの規格化が図られた結果なのであり，数多く種類があるとしても個々人の好みに完全に対応するすべてを用意することは不可能なのである。また，販売者側が意図的に選択の範囲を制限しようとすることもあり，その内容によっては，消費者（観光者）の"選択する権利"を侵害する行為として法的な排除命令・勧告の対象となる（観光者の"権利と保護"については第8章を参照）。

　一般に消費者の選択は，なんらかの制約条件下においての自由選択と考えら

れるのであり，"制限つき自由選択"と称するのが適当である。そして，この言葉における"制限つき"という点に注目するか，また"自由選択"の部分を大きくとらえるかによって，選択の自由の意味が異なってくるのである。

選択を自由に行うことができたという意識は，選択の範囲の大きさと密接な関係がある。選択の余地が小さい場合には，選択の自由がないとの意識が強くなり"押しつけられた"という感じをもちやすいのである。「旅行商品」を選択する場合においても，複数のパンフレットを取り寄せて自由に比較検討を行ったうえで，特定のひとつを選択した場合には"自分（達）で選択した"という気持ちになるのであり，比較する対象がごく限られている場合には，その意識は生じにくいのである。後で扱うサービス問題に関しては，「公共サービス」に対する評価に"選択の範囲"がとくに関係している〈→15章〉。

2) 選択と意思決定

意思決定(Decision-Making)とは，「個人や集団がある事態によりよく対応するために，特定の対応行動を選択すること」を意味している。したがって，選択とは決定に至るまでの過程なのであり，一般に「意思決定過程」としてとらえることができる。

意思決定過程は，決定に至るまでの時間的経過から，次の諸段階に区分することができる。

① 問題認知段階……………なんらかの選択（購買の必要など）が生じ，重要度や緊急度が検討される。
② 情報収集段階……………問題を解決するために必要と考えられる情報が収集される。
③ 設計段階…………………収集された情報を分析し，解決方法が整理され，いくつかの選択案が考えられる。
④ 選択段階（決定段階）……商品購入の場合であれば，銘柄・種類・店舗など，実際の行動に結びつけることのできるさまざまなレベルでの選択がなされる。

⑤ （事後の）評価段階………選択（決定）が適当であったかが評価され，情報として蓄積される。

　急な出来事への対応など時間的に急いで選択（決定）をしなければならない場合も人間生活にはあるが，外出用衣服や耐久消費財の購入などの"選択性の強い消費行動一般"，そして観光行動に関する問題認知は，時間的余裕をもってなされるのが普通である。観光においては，この"問題認知段階"への到達が観光行動の始まりなのであって，観光欲求・動機が顕在化し，行動へと向かう意欲が生じたのである。

　そして，この意欲を具体的な行動とするために行われるのが，次の情報収集であり，一般に問題が重要であればあるほど情報収集活動は活発になる傾向がある。このことは，情報収集が活発になされる背景には，なんらかの問題認知があり，いわゆる"ハウツーもの"書籍が売れる背景には，それらの資格・技術・知識に対する社会の関心やニーズがあることを示唆している。観光に関しても，「ガイドブック」等を購入・入手する情報収集行動は，一般に観光行動への潜在的意欲を示す"指標"であり，さらに，次の比較検討のための判定資料としての役割をもっている。ただし，観光に関する一般的な情報は，"問題認知段階"に影響するものと考えるのが妥当である。

　選択（意思決定）に関して最も重要なのが設計段階である。情報が数多く収集されたとしても，それらをどう整理するかによって，情報の意味と役割とは大きく異なったものとなる。一般に，自由に選択しうる行動においては，選択代案を整理・判定する場合の基準として，経済性・安全性・審美性（あるいは快楽性）・社会性（皆と同じかあるいは他よりも目立つか）が用いられることがある。そして，これらの項目は，前章で説明したマーシャル・パブロフ・フロイト・ヴェブレンの"4つの行動論モデル"における人間像にも対応しているのである。このことは，選択（決定）を求められている問題の種類と状況とともに，行動に対する基本的な考えによっても，情報の評価や選択案の作成が異なってくることを意味している。

観光行動における選択段階（決定段階）の意味・内容は，一般の消費行動よりもかなり複雑であり，行き先・行きかたなどに関する"選択の連続過程"として把握することができ，さらに"主たる選択要因"が何であるかという問題があり，これらについては後の章で詳述する〈→6章〉。

（事後の）評価は，"経験"として蓄積されるとともに，態度やイメージとして次の機会の対象認知に影響を与えるのであり，この段階の重要性を強調しているのが"パブロフ派の習慣人モデル"なのである。

2. 選択条件と行動形態

1) "選択の仕組み"に関する研究

まず，選択（決定）に関係していると考えられる要因・条件を収集し，それらを時間的経緯と関連づけるものがある。このタイプは，関係する要因・条件を列記・整理するという点に特徴があるが，静態的であり，分析的であるとはいえない（図4-1）。

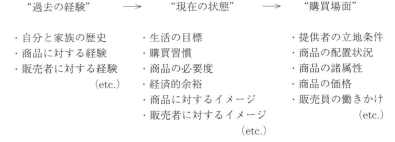

図 4-1. 選択（決定）に関係する諸要因・条件の整理

選択に関して，"心理的場（Psychological Field）"を想定した古典的研究がある。この研究は，選択とは「プラスの値をもった諸特性群（誘因要素）とマイナスの値をもつ諸特性群（反発要素）との心理的葛藤である」とし，この両群が競い合っている場面を"心理的場"と称したのである。そして，プラス要素の総量がマイナス要素の総量よりも多い場合に選択され，逆の場合には拒否さ

れると考えたのである。

　この考えは，選択（決定）が複数の要因の相対的関係によってなされること，各要因の値は固定的ではないこと，個人差があること，などを指摘している点において興味深いものであり，著者は，商品の銘柄選好分析などに適用したことがある。これを「旅行商品」の選択場面に応用してみよう（図4-2）。

図 4-2.　「旅行商品」を選択する場面〈仮想〉

　今，若い女性が外国への旅行を考えており，購入（参加）する「旅行商品」をパンフレットによって探している場面を想定する。比較検討する過程において，行き先・時期・期間等の条件によって，"第1次の選択"がなされ，候補として残されたA社の「旅行商品X」を細かく検討した結果が，図に示したものである。プラスの値をもつ特性として"意識されていること"は，「有名な旅行社（の商品）だから安心」などの4要素である。「利用航空会社が日本の会社」「添乗員同行」などはいずれも"小さな値"ではあるが，"安心感"にかかわっているプラスの要素として意識されていることを意味している。

　これに対して，マイナスの値をもつ特性として感じられているのは「価格が高い（他にはより安いものがある）」「自由時間が少なさそう」「同行者が知らない人たち」の3要素であり，それぞれの特性のもつマイナスの値はプラス要素よりも大きいものがある。

　この例の場合，プラス・マイナスそれぞれの絶対値を比較すると，プラスが

わずかながら大きくなっており，「旅行商品X」は最終選択段階へと残される傾向にあることを図は示している。

新しい情報が加わったり，特定要素の重要度に対する評価が変わったりすると，全体のバランスは当然変化することになる。似た内容で価格が明らかに安い「商品」があることが確認されることによって，「価格」のマイナスの値がより大きくなり（反発要素が大きくなる），「旅行商品X」が拒否されることもありうるし，一方，経験者から「ショッピングも十分にできる」ことを聞いたことによって，プラス要素が新たに加わる場合もあるのである。

実際の選択（決定）が，このように"異質の条件"を比較検討することによって行われる場合は多いのであり，その意味からも，この"モデル"は有効性があると考えられる。一般に，「商品」の企画・販売にあたる立場は，選択にかかわるプラス要素の増大と，マイナス要素の削減という性格の異なる対応が同時に求められているのであり，"低価格の強調"はマイナス要素の削減策の，"特典付与（いわゆるオマケなど）"はプラス要素の増大策の基本となっているものである。しかし，選択にかかわっている各要素そのものに，イメージによる影響がかなりあることを理解することが必要である。

2） **選択（決定）に影響を与える条件**

一般に，選択（決定）がどのように行われるかに影響を与えている条件は，経済事情（とくに自由に使うことのできる金銭の額），生活価値観（生活態度や何を重要なことと考えるかという価値意識など）など選択主体側に属するものの外に，選択の重要度，事後の評価の容易性など選択課題に関するもの，さらに，時間的緊急度という選択状況に関するものがある。

選択の重要度が高い場合には，情報の収集・分析に時間をかけて慎重に行うことはいうまでもない。事後の評価の容易性については，選択の結果がよかったということが比較的容易にわかると思われる場合には，慎重な選択がなされるのに対し，困難な場合には他の人びとの評価などを"頼りに"しやすい傾向がある。それは"責任の所在"を何に求めるかということと関連しており，自

分に直接かかわる選択で，結果がわかりやすいものほど慎重になるのである。

時間的緊急度が高ければ高いほど選択は急がされることになり，最も大きな影響は，情報収集が制限されるという点である。土産品購買に代表される観光者の購買行動は，一般に"時間的緊急度が高い状況における選択"である。

これらの条件を，「個々人の特性による違い」「(同一人の)購買対象等の選択課題による違い」「(同一人の同一課題においても現れる違い)」との関連は次のようにまとめることができる（表 4-1）。

表 4-1. 選択に影響を与える諸条件

		個人特性による違い	選択課題による違い	選択状況による違い
選択主体側の条件	経済事情	◎	○	△
	生活価値観	◎	△	○
選択課題の条件	選択の重要度	△	◎	○
	事後評価の容易性	○	◎	△
選択状況	時間的緊急度	○	△	◎

(◎……最も関係が大きいことを示す 〈◎→○→△の順〉)

3) 行動形態

消費者行動論の課題となる行動形態とは，消費者が商品の購買を試みてから実際に購入に至るまでの過程に関するものであって，心理的過程と時間的過程の両面から分析することができる。

購買に至るまでの心理過程を一般的に説明したものとしてよく知られているのは，広告研究の分野で古くから用いられてきた「アイドマ（AIDMA）モデル」である。購買は「注目（Attention）」の段階に始まり，「興味（Interest）」「欲求（Desire）」「記憶（Memory）」の過程を経て「購買（Action）」となるとするもので，それぞれの言葉の頭文字をとって名称がつくられている。

「アイドマ・モデル」は，売り手側からの働きかけの指針として現在も利用されるもので，観光の領域においても，観光客誘致のためにはまず，「注目」「興

味」のための活動が必要とされている。消費行動分析においては，行動の発生から購買の完了までに要した時間（リードタイムの長さ）によって，購買行動を区分する考えかたがあり，計画的購買・選択的購買・習慣的購買などに分類されることがある。

観光行動に関しては，旅行会社などに"申し込む（確定された予約）時期"と実際の旅行日までの期間の長さがリードタイムであるが，一般に短縮される傾向にあり，このことも観光行動が一般化・日常化したことを示している。

消費行動一般においては，購買力の向上，販売経路の変化・販売方法の変化などを背景として，新しい購買形態が現れるようになり，その代表的なものとして「衝動的購買」がある。

「衝動的購買（Implus Buying）」とは，購買時点（販売場面）で購買意欲が高まり，予定以外のなんらかの商品を購入するという"非計画的購買"のことであって，わが国では，「大衆消費社会」がほぼ定着した1960年代後半以降にこの傾向が現れるようになった。

衝動的購買の成立には，商品・販売状況・購入者側それぞれの条件があり，商品の条件としては，値段が安いものであること・生活必需品ではないこと・保存性があることなどがある。販売状況側の条件には，目につきやすい陳列・セルフサービス方式で商品を手にすることができる場合などがあり，さらに，宣伝が行われており，潜在的には商品に対する関心や知識があり，それが実物によって呼び起こされるタイプがある。購入者側にあり，衝動的購買を成立させている最大の条件は，購買力とくに自由に使うことのできる金銭の所有であり，「カード」や「ローン」の普及も関係している。さらに，商品を入手すること自体を楽しむ生活意識も大きく関係している。

衝動的購買は，消費動向一般と密接な関係があり，景気が低迷する時代には減少するが，好景気時代には増大し，"ムダ使い"として非難の対象とされることも多い。しかし，衝動的購買といっても，必ずしも思いつき的な行動のみを意味しているわけではない。上記したように，商品に対する関心・知識があり，

それが実物によって刺激されるという場合（実物示唆型の非計画的購買という）もあれば，購入する計画はあるものの，予算の点で当分は無理と考えていたものが格別に安く販売されていたために一気に購買へと進んでしまう場合や同行者が購買したため予定を早めて購買してしまう場合（予定型の非計画的購買という）などさまざまなタイプが含まれている。

観光行動は基本的に計画的行動であるが，その中に含まれている客としての行動には衝動的購買は多くみられ，土産品購買にはとくに顕著である。

3. 「不安」と消費行動

1) 「不安商品」の意味するもの

観光行動を含め，現代の消費行動を理解するうえで重要な意味をもつと考えられるものに，"不安とのかかわり"がある。

不安とは，自分にとって大切であると思うものがなんらかの形でおびやかされることに対する気がかりである。不安は「恐怖」とは異なり，特定の明確な対象が存在しないことを特徴としており，びまん性を帯び，対処しにくいために"無力感"を伴いやすいのである。現代は"不安の時代"と称されることもあるように，さまざまな不安が人びとをとりかこんでおり，それが消費行動に結びつく傾向がみられるのである。健康食品や保健薬などだけではなく，貯蓄・保健をはじめとする多くの商品が直接・間接に不安解消とのかかわりを表現しているのである。

「不安商品（Anxiety Product）」とは，マーケティングでの特殊な商品分類での用語であるが，"欠陥商品"のことではなく，購入・使用することによって，消費者の不安を軽減・除去する機能をもつ商品を意味しており，対人場面でのきがかりにかかわる体臭防止用品（デオドラント）は，その典型的な商品とされている。しかし，人びとが日常的に感じる不安が広がるとともに，さまざまな不安商品が登場するようになる。

現代においては，前述したものに加え，新しい情報の入手や資格をもつこと

は"知識不足"という気がかりに，パーソナル商品の取得やメンバーシップを得ることは"自己存在不確実感"という気がかりに，それぞれ関係している。

2) 不安としての"いまのうち意識"

社会事象としての"流行現象"の背景には，常に「時代に遅れていると思われたくない」という不安があるのであり，流行の"作り手"はこの不安を刺激するのである。

観光行動に直接関係することとして，若い女性層にだけ認められる"現代的不安"があるように考えられる。外国旅行を中心とする，いわゆる卒業旅行の参加者は圧倒的に女性である。若い女性とくに学生が同年代の男性に比較して積極的である理由として，社会人になる前に，あるいは，結婚する前の"自由になる間に"多くの人がしていることを自分も経験しておきたいという意識の存在を指摘しうる。

このような意識は，漠然としているとしても，生活の現実をふまえ，現在→「結婚」→「家庭生活（出産・育児等々）」のプロセスが想定されている場合が多く，"いまのうちにできることをしておかないと（後で後悔する）"という考えかたをつくっているのであり，このような意識を"いまのうち意識"と称するのである。

この意識は，現在そして将来の自分の生きかたを大筋において肯定する考えと結びつき，どちらかといえば"明るい予想"に基づいており，その意味では不安とはいえないようにも思われる。しかし，"いまのうちにしなければ"というプレッシャーが働いていることが明らかに認められるのであり，この点は同年の男性とは明らかに異なるのである。

一方において，彼女たちの両親もまた，"いまのうちだから"という理由によって，卒業前の外国旅行を認めることになるのであり，この循環によって，若い女性とくに学生の外国への旅行はさらに一般化することになるのである。

不安の分析は，それぞれの時代・社会の消費行動を解くひとつの鍵なのであり，観光行動の研究にもそれはあてはまるのである。

第5章　観光行動の分類と把握

1. 観光行動の分類

　観光行動は，さまざまな側面や角度から分類することが可能であるが，それぞれ分類基準となっているものを明確化することが必要であり，とくに後述するように，統計や調査によって分類方法が同一ではない場合があることに十分に注意しなければならない。

　主要な分類基準について説明すれば以下の通りである。

1)　「純観光」と「兼観光」

　「純観光」とは，観光を意図した行動（＝観光行為）を意味しており，一般にいう観光＝純観光であるが，これ以外にも観光に類した行動があり，それらを「兼観光」と称することがある。

　「兼観光」については，行動主体の意図が観光と仕事・研究・勉強などの両方である場合と，観光の意図はなかったとしても，結果的には"観光客としての行動"をとった場合との2つのとらえかたがある。調査によって「兼観光」

表 5-1．「兼観光」の状況

〈1993年，（　）＝92年〉

区　分	旅行回数	宿泊回数
観　　　光	1.40（1.35）	2.32（2.31）
兼　観　光	0.23（0.22）	0.64（0.61）
業　　　務	0.38（0.31）	0.97（0.76）
家事・帰省	0.57（0.56）	1.35（1.46）
そ の 他	0.14（0.16）	0.16（0.16）
［合　計］	2.73（2.60）	5.44（5.30）

（総理府内政審議室による推計値）

として,「純観光」と対比される形で把握することができるのは前者であり,後者は観光事業の観点からは"観光客行動"として観光行動の中に包含されることになる。

総理府審議室は,「兼観光」を「『業務・家事・帰省』のついでに1泊以上つけ加えて観光を行ったもの」と規定しており,その実態を表のように把握している（表 5-1）。

総理府は,行動意図としてとらえた「兼観光」が「純観光」の約 20% に相当する程度存在すると推定しているが,"観光を兼ねている業務旅行"の占める割合はより多いともされており,国内の業務・研修・帰省旅行では約 60% が,外国への業務・研修を主たる目的とした旅行の約 70% が,それぞれ観光を兼ねていることを示している調査結果もある。

一般的にも日本人の旅行においては「兼観光」の割合がかなり高いものと考えられているが,「兼観光」をどう解釈するか,どう把握するかについての定説はまだ存在していない。

2) 観光主体の属性

観光主体が「誰」であるかによる分類であり,性・年齢という人口学的属性が主たる基準である。この分類がとくに重要な意味をもっているのは外国への旅行に関してであり,これについては後で説明を加える。

3) 行動の目的・意図・動機等

どのような目的・どのような理由での観光であるかは,観光行動を把握する場合の最も基本的な分類である。しかし,分類がかなり恣意的になされることもあり,"主たる目的"による分類である場合もあれば,たんに"旅行形態"の区分である場合もある。また,設定されている項目の区分が必らずしも明確ではないこともあるが,同一の分類基準によって継続的に実施されている場合には,推移を把握する資料として有効性が高い。

ベルネカー（P. Bernecker）は,一般的理由・目的と考えられる事柄に基づいて次のような分類を行った。

- (A) 保養観光
- (B) 文化観光（修学旅行，見学旅行，宗教行事への参加等）
- (C) 社会的観光（親睦旅行，新婚旅行等）
- (D) スポーツ観光（オリンピックゲーム等のスポーツ観覧を含む）
- (E) 政治的観光（政治的出来事の見物を含む）
- (F) 経済的観光（見本市・展示会の見物を含む）

また，トーマス(J. A. Thomas)は，アメリカの旅行業者を対象とした調査結果から，人びとが観光に赴く「動機・目的」を以下のように分類している。

- (a) 教育的・文化的動機
- (b) 娯楽的・休養的動機
- (c) 民族的動機（祖先の土地や出身地，移住先等への訪問）
- (d) その他の社会的・経済的動機（人に先んじること・同調を含む）

日本観光協会が1964年以来，2年ごとに実施している「観光の志向と実態」では，「旅行の目的」を以下のように分類し，過去1年間に行った旅行に関して，継続して調査している（結果は表5-2参照）。

- イ．慰安旅行
- ロ．スポーツ・レクリエーション
- ハ．自然・名所・スポーツ見学・行楽
- ニ．神仏詣
- ホ．趣味・研究
- ヘ．温泉に入る・湯治
- ト．避寒・避暑
- チ．（避寒・避暑以外の）保養・休養
- リ．新婚旅行
- ヌ．旅先での出会いや交流
- ル．博覧会　　オ．その他

4) 行き先地と行き先地類型

これには，何処（国・地域・都市等）を訪れたかという「行き先地」による区分と，どのようなタイプの行き先地であるかという「行き先地類型」による区分とがある。前者は，それぞれの観光者受入側からは「入込者数」として把握されることになり，これに2)の観光者属性，3)の目的・動機等さらに出発国・地域等を重ね合わせることによって，「誰が」「何を求めて」「何処から」訪

れているかを把握することができる。

　これに対して後者は，個々の国・地域・都市等の魅力や人気の度合いを示すとともに，より一般的な"観光行動における志向性"に関する資料としても利用することができる。ただし，個々の行き先地を類型化する基準をどう設定するかによって結果が影響されることはいうまでもない。

　国内の主要な観光地を"主たる特徴（魅力）条件"に基づいて類型化することを通して，いくつかの「行き先地類型」を設定してみると，次のように整理することができる。

『行き先地類型区分（例）』　　　＜類型に含まれる観光地名＞

　① 立地上の条件によるもの

　　　「岬・半島型」……………知床，えりも，能登

　　　「島しょ型」………………利尻，佐渡，八丈，隠岐，対馬，石垣

　② 立地条件＋行動によるもの

　　　「山岳・登山型」……………谷川，上高地，八ヶ岳，尾瀬

　　　「スキー型」………………ニセコ，蔵王，妙高，志賀，越後湯沢

　　　「マリーンスポーツ型」……三浦，洲本，九十九里，沖縄（本島）

　　　「高原リゾート型」…………那須，軽井沢，野尻湖，山中湖，清里

　　　「高原・湖水観賞型」………十和田，霧ケ峰，えびの

　　　「観賞・行楽地型」…………相模湖，長瀞，日本平，六甲

　③ 地区の自然条件＋行動によるもの

　　　「温　泉　型」………………鬼怒川，熱海，紀伊白浜，別府，湯布院

　④ 地区の歴史的・文化的条件によるもの

　　　「歴　史　型」………………鎌倉，高山，京都，奈良，倉敷

　　　「名所旧跡型」………………松島，日光

　　　「社寺参詣型」………………平泉，成田，伊勢，宮島，出雲

　⑤ 近代的な都市そのものが魅力となっているもの

　　　「近代都市型」………………札幌，盛岡，横浜，広島，長崎

⑥ 新しく作られた施設が魅力の中心となっているもの
　　"テーマパーク型"　　………浦安地区(東京ディズニーランド),佐
　("アーバンリゾート型")　　世保・針尾島（ハウステンボス）

　①〜⑤に記載した各地の入込者数の推移（1973〜1982〜1991年）を分析すると,"伸び悩み傾向"がみられる観光地が「名所旧跡型」「社寺参詣型」に多くみられ,また,「温泉型」にも認められる。これに対し,②に含まれる類型とくにスポーツ関連および高原タイプは増加傾向にあり,また,⑤の「近代都市型」も増加している。さらに,⑥の"テーマパーク型"あるいは"アーバンリゾート型"への訪問客が大きく増加していることは周知のところである。

　観光への女性の積極的参加,若年層の活発な参加,さらに,モータリゼーションの進展による交通手段の変化も加わって,国内観光地の"人気"は大きく変化を示しつつあることが認められる（外国旅行における行き先地の変化については後でふれる）。

5）　行動の範囲と時間

　行動の範囲と時間とは,どのような行動内容の観光であるかを示すものであって,具体的には,①移動の距離,②旅行の時間（期間）,③宿泊の有無および宿泊日数などの諸側面から把握される。旅行の時間（期間）の長さは第1章で述べたように,観光者あるいはツーリストをどう定義するかという基本的問題にもかかわっており,とくに宿泊の有無はひとつの有力な判定基準ともなっている。わが国の国内旅行に関する調査・統計においても,"宿泊を伴った観光旅行"と付記することが多いのは,"日帰り型"とを区別をするためである。行動範囲や行動内容との関係において,さらに,旅行による支出の面からみても,宿泊を伴う楽しみのための旅行を観光と解するのは妥当な考えかたであるが,交通機関の発達によって,時間の長さだけでは判定しにくい部分があることも否定できないのである。

6) 旅行の形態

旅行の形態としては、まず、同行者の有無および種類がある。

前記した日本観光協会の調査（「観光の志向と実態」）によると、近年には「家族（家族＋友人・知人を含む）」が増加しており、1992年調査では全体の43.3％であり、「友人・知人」がこれに次いで30.5％で、この両者を合わせた"個人・グループ型"が全体の74％を占めている。これに対し、かつては半数近くを占めていた学校・職場・地域団体等による"団体型"は年々減少の傾向にあり、21％となっている。また、「自分一人（同行者なし）」は全体の4％弱であり、変化はほとんどみられない。

旅行形態の分類には、"個人・グループ型"か"団体型"かという同行者の種類とは別に、「自己計画型」か「参加型」かという異なる基準があるが、この両者は混同されやすいので注意が必要である。「自己計画型」とは、交通・宿泊をはじめとする旅行の構成要素を自分あるいは自分達で"組み立てた"タイプを意味しており、"旅行商品"を購入したり、内容が定まっている旅行に加わるなどの「参加型」と対比されるものである。「参加型」の場合には、一般の商品を購入するのと同様に、参加することを決めれば旅行の内容が決まることになり、後はコースや日程にしたがっての行動となる。そして、旅行全体の評価は、"旅行商品"等に対する満足・不満足と密接な関係をもつことになりやすい。

パッケージツアーなどに友人・知人と一緒に参加した場合が、「参加型」であることは当然であるが、同行者を「友人・知人」とみるか「団体の一員」と考えるかの判断基準はそれぞれの個々人側にあることになる。その一方には、同行者による区分は行動形態として客観的に把握されるのに対して、「自己計画型」か「参加型」かの区分は結果に基づく推定である場合が多く、選択理由や行動目的を把握するうえでのひとつの問題ともなっている。

上記以外に、行動の時期や交通手段による分類などもある。

2. 各種の調査・資料を通しての観光行動の把握

1) 「観光目的」の推移

日本観光協会が行っている「観光の実態と志向」は，「観光目的」をはじめとするさまざまな項目について継続して把握している。

前記したように，「観光目的」は現在12種類に区分されているが，これを「休む・遊ぶ」にかかわるものと，「観る」にかかわるものとに大別し，その推移を示すと次の通りである（表5-2）。

調査年によってやや変動がみられるが，全般的傾向としては，「慰安旅行」が減少し，「自然・名所・スポーツ見学・行楽」が増加してきている。しかし，「スポーツ・レクリエーション」「温泉に入る・湯治」などの"休養型"が着実に増加する傾向も示されている。

表 5-2.「観光目的」の区分と推移　　〈％〉

「目　的」	1984	1986	1988	1990	1992
慰 安 旅 行	27.2	30.9	25.8	24.0	22.2
スポーツ・レクリエーション	21.1	16.4	19.1	21.2	21.3
温泉に入る・湯治	10.2	12.3	12.7	12.2	13.2
避 暑・避 寒	2.2	1.8	1.1	1.6	1.6
（その他の）保養・休養	4.0	3.3	4.0	2.4	2.2
旅先での出会いや交流	1.6	2.0	2.1	1.9	1.9
［休む・遊ぶ］　小計	66.3	66.7	64.8	63.3	62.4
自然・名所・見学・行楽	20.5	20.1	21.7	21.8	23.6
神 仏 詣	3.4	4.4	3.8	3.0	2.6
趣 味・研 究	5.2	4.0	4.3	2.5	3.4
博 覧 会	＊	＊	＊	2.5	0.2
［観　る］　小計	29.1	28.5	29.8	29.8	30.8

（日本観光協会「観光の実態と志向」より作成．目的の内，「新婚旅行」「その他」を除く，＊は調査項目に含まれず）

2) 「外国旅行で希望する行動」

外国旅行において「やってみたいと考えている行動」を，"希望率"によって区分すると次の通りである（表5-3）。

表 5-3. 外国旅行でやってみたい行動
〈行動は"希望率"の高い順番に配列〉

区分	行　　動	区分	行　　動
I	美しい風景を観る	IV	有名レストランで食事を楽しむ
	広大な大自然に接する		土地の人びとと交流したり，風俗や習慣を知る
	土地の風物や街並を楽しむ		海や海辺で楽しむ（海洋スポーツ）
II	土地独特の食物や飲物を味わう		野生の動物を観る
	遺物・歴史的建築物などを観る		「高級品」を日本でよりも安く購入
	有名な公園や遊園地を訪れる		音楽・演劇・舞踊などを観賞する
III	土地の特産物や民芸品の買物をする		遊覧船・登山電車・ケーブルカーなどに乗る
	「免税店」で買物をする		ドライブを楽しむ
	美術館・博物館を訪れる		
	有名リゾート地でゆっくりすごす		

（太平洋アジア観光協会による「日本旅行市場調査」〈1982年〉より作成）

（区分Ⅰ）は希望率75％以上で，大多数の日本人が共通して望んでいる行動であり，これらの行動が外国への旅行の基本的魅力であると考えられる。

（区分Ⅱ）は希望率60％以上（75％未満）で，区分Ⅰの行動に次いで一般性の高いものである。（区分Ⅲ）は希望率50％以上（60％未満）であり，これら区分Ⅰ・Ⅱとを合わせた10種類の行動が，日本人が外国への旅行において一般に期待しているものとされる。ここで示した資料の調査年次はやや古いものではあるが，その後の同様な調査においても，結果には大きな変化がないことが認められており，これらの10種類の行動を取り上げて，"実現可能性"を国別に測定した結果が第7章で紹介されている。

（区分Ⅳ）は希望率33％以上（50％未満）の行動であり，属性差や個人差の

ある多様な行動があげられている。さらに，ここでは省略したが，（区分Ⅴ）として希望率33％未満の多種多様な行動があげられている。そして，観光行動が「目的行為優位型〈→6章〉」の段階へと移行することによって，それぞれ個々人によって，期待される行動がさらに多様性を増すものと予測される。

3) 日本人の外国旅行の推移と旅行者構成の変化による影響

"外国旅行の自由化"がなされた1964（昭和39）年以降の日本人外国旅行者の推移に関しては，旅行者数と変化（増加率）とともに，旅行者の性別・年齢別構成を手がかりとして，いくつかの「段階」に区分して把握することが有効であり，著者はこれを8段階に区分している。

「段階」によって最も大きな変化がみられるのは，性別構成の変化であり，一貫して女性の占める割合が増加している。これに続くものとしては，年齢構成において，50歳以上が増加しつつあることであるが，男性に比較すると女性はよりゆるやかな漸増傾向にあり，全体としても"高年齢層の活発化"と認めうる状態には至っていない。

表 5-4. 日本人外国旅行者数と性別・年齢別構成の推移

年 (段階 区分)	総数 (千人)	男性	年齢構成 (%)						女性	年齢構成 (%)					
			～19	20～29	30～39	40～49	50～59	60～		～19	20～29	30～39	40～49	50～59	60～
1970-Ⅰ	664	77.6	2.8	23.0	31.2	23.0	11.7	8.3	22.4	8.1	42.0	16.5	13.2	11.2	9.0
73-Ⅱ	2,289	77.6	2.1	22.9	31.9	24.8	10.6	7.3	22.4	6.7	42.4	15.3	14.4	11.8	9.0
75-Ⅲ	2,446	74.4	2.5	24.5	29.8	25.3	11.0	6.8	25.6	7.3	44.1	14.8	13.8	11.5	8.3
79-Ⅳ	4,038	72.2	2.7	19.6	31.0	25.2	13.7	7.7	27.8	7.5	40.4	15.9	12.6	13.8	9.7
81-Ⅴ	4,006	68.9	3.1	18.9	29.8	24.5	14.6	9.0	31.1	7.4	41.4	15.5	11.5	13.5	10.4
83	4,232	66.7	3.5	19.2	28.6	24.0	15.2	9.4	33.3	7.6	43.0	14.7	10.8	13.1	10.5
85-Ⅵ	4,948	65.5	3.7	19.1	27.8	23.6	15.7	10.0	34.5	7.9	43.3	14.4	10.4	12.9	11.0
87-Ⅶ	6,829	62.4	4.6	19.1	25.6	24.1	16.0	10.6	37.6	8.8	41.7	14.2	11.2	13.0	11.1
89	9,663	61.8	5.0	19.5	23.4	23.4	15.9	9.8	38.2	9.5	41.4	14.0	13.0	12.2	9.9
91-Ⅷ	10,634	61.0	5.4	19.5	22.4	26.2	16.6	9.9	39.0	9.9	39.8	14.5	13.6	12.5	9.7
92	11,791	58.3	5.7	20.0	21.5	25.0	16.8	11.0	41.7	9.3	40.0	14.2	13.3	13.0	10.2
93	11,934	56.6	6.1	19.7	21.3	24.3	17.1	11.5	43.4	9.4	39.9	14.6	12.8	13.0	10.3

（法務省資料に基づく運輸省資料より作成したもの）

54　第5章　観光行動の分類と把握

　旅行者数がごく限られていた「Ⅰ」と，初めて200万人台に達した「Ⅱ」における性別・年齢別構成はほとんど同じで，全体の約80％近くが男性であり，その年齢構成では20歳台から40歳台が多数となっている。注目されるのは，女性の年齢構成においては，20歳台がすでに42％を占めていることであり，女性客の主体が"若い人びと"である傾向は，その後，現在まで継続している。

　1991年以降現在までの「Ⅷ段階」の特徴は，「Ⅲ」から続いてきた女性の占める割合の増加がさらに進んだことであり，1993年には43.4％に達しており，全旅行者の中で観光を主たる目的とした者についてみると，ほぼ半数を女性が占めるようになっている（表5-4）。

　上記した旅行者の性別・年齢別構成の変化は，行き先地としての国・地域の

表 5-5．日本人外国旅行の行き先国・地域の推移（東アジア地域の割合の変化）

〈単位：千人〉

年 (段階)	(A)	(B)	(C)	(D)	(E)	(F)	(G)	(H)
	行き先国・地域			(A)〜(C) 小　計	行先国 中国	(D)+(E) 計	(D)の 割合 [％]	(F)の 割合 [％]
	韓国	台湾	香港					
1970-Ⅰ	52	176	168	396	＊	＊	59.6	＊
73-Ⅱ	475	438	476	1,389	＊	＊	60.7	＊
75-Ⅲ	364	415	383	1,165	＊	＊	47.6	＊
79-Ⅳ	650	694	501	1,845	＊	＊	45.7	＊
81-Ⅴ	507	593	502	1,602	＊	＊	40.0	＊
83	528	595	494	1,607	＊	＊	38.0	＊
85-Ⅵ	639	616	636	1,891	470	2,361	38.2	47.7
87-Ⅶ	897	807	1,034	2,738	578	3,316	40.1	48.6
89	1,380	962	1,176	3,518	369	3,887	36.4	40.2
91-Ⅷ	1,455	826	1,260	3,541	641	4,182	33.3	39.3
92	1,399	795	1,324	3,518	791	4,309	29.8	36.5
93	1,492	698	1,281	3,471	＃912	＃4,383	29.1	＃36.1

（運輸省および太平洋アジア観光協会〈PATA〉資料より作成，＃＝推計値）

選択にも影響しており，とくに，「東アジア地域」に密接に関係している。

韓国・台湾・香港を合計した「東アジア地域」への日本人旅行者は，「Ⅰ」から現在まで一貫して大きく，1993年における旅行者（小計）は約350万人であり，全旅行者の約30％に相当し，日本人旅行者の代表的な旅行先となっている。しかし，全旅行者に占める割合は，女性客の増加などによって，旅行先の多様化が進むにつれて低下する傾向がある（表5-5）。

性別・年齢構成の変化による影響を，主要訪問地別「女性客比率」「20歳台比率」および「20歳台の中の女性客比率」によってみると，これらの比率の高い国・地域が，訪問者数全体としても上位を占める傾向がある（表5-6）。

4) **訪日外国人旅行者の「旅行ルート」と「土産品」の購買**

世界各地から日本を訪れている人びとについて"旅行ルート"を調査した結

表5-6. 日本人旅行者の主要訪問地別「女性客比率」および「20歳台比率」

数値＝1993　（　）＝1990

訪問国・地域	女性客比率(％)	20歳台比率(％)	20歳台の中の女性客比率(％)
アメリカ（＊）	**48.1** （**45.3**）	**35.6** （**37.6**）	60.4 （**57.6**）
韓　国	31.4 （20.8）	17.9 （14.7）	51.8 （38.3）
香　港	**44.5** （**43.4**）	24.6 （25.2）	**64.7** （**59.9**）
台　湾	24.9 （25.1）	11.0 （11.0）	41.4 （36.1）
シンガポール	**48.2** （**46.3**）	26.9 （28.2）	**67.6** （**66.7**）
オーストラリア	**51.5** （**49.3**）	**39.1** （**39.6**）	**62.2** （**61.3**）
中　国	29.1 （30.3）	12.4 （15.8）	46.4 （46.6）
タ　イ	36.9 （31.1）	27.5 （23.0）	57.8 （51.5）
イギリス	**54.0** （**47.2**）	**33.3** （**31.6**）	**70.8** （**73.2**）
フランス	**54.3** （**47.2**）	**32.7** （**33.9**）	**71.4** （**65.4**）
〈全体平均〉	43.4 （38.7）	28.5 （27.8）	60.8 （56.6）

（＊）ハワイ・グアムを含む。
注）**太字**は平均を上回っていることを示す。

果によると,「日本のみ」を訪問している人が全体の64％を占めているが,このタイプは台湾・韓国および香港の「東アジア地域」からの来訪者に多い。これに続くのが「日本とアジア(諸国)」であり,アメリカ・ヨーロッパからの来訪者の場合には多くなっている。この結果は,東アジア地域内往来は"単一訪問国・地域型(Mono Destination)"が中心であるのに対し,相対的に"遠方からの旅行者"の場合は,同時に「東アジア地域」を周遊する傾向にあることを

表 5-7. 訪日外国人旅行者の「旅行ルート」

〈1991〜92調査, ( )＝1989調査〉

	「旅行ルート」のタイプ (%)			
	日本のみ	日本＋アジア	日本＋アジア＋他国(＊)	日本＋(アジア以外の)他国(＊)
全体	63.9 (57.5)	26.1 (30.8)	3.2 (4.8)	4.0 (5.0)

〈国・地域〉

	日本のみ	日本＋アジア	日本＋アジア＋他国(＊)	日本＋(アジア以外の)他国(＊)
韓 国	84.5 (87.2)	8.7 (7.0)	0.9 (0.8)	4.0 (3.1)
台 湾	88.9 (79.1)	7.0 (15.5)	1.4 (0.5)	1.8 (4.3)
香 港	75.2 (72.9)	17.7 (20.2)	— (2.4)	6.2 (4.7)
アメリカ	63.3 (52.1)	30.0 (39.6)	1.9 (5.0)	2.1 (3.3)
イギリス	45.0 (35.4)	36.4 (42.9)	7.2 (8.7)	4.3 (4.9)
ドイツ	47.3 (40.1)	38.4 (45.6)	5.4 (6.1)	5.4 (5.5)
オーストラリアニュージーランド	37.7 (27.7)	37.7 (45.4)	7.4 (10.6)	12.3 (14.2)

(国際観光振興会「訪日外客訪問地調査」より作成)
＊＝＋アメリカ,＋ヨーロッパ,＋アメリカ・ヨーロッパ,＋オセアニアの計

2. 各種の調査・資料を通しての観光行動の把握　57

示している（表 5-7）。

このような傾向は日本からの旅行に関しても同様であり，日本から「東アジア地域」へは圧倒的に"単一訪問国・地域型"であるのに対し，"遠距離"であるヨーロッパ訪問の場合には，"周遊型"が中心となっている。

表 5-8．訪日外国人の「品目」別購入割合（1990 年調査）　〈％〉

品　目	平　均	〈居住地別　—抜粋—〉				
		韓　国	台　湾	アメリカ	ドイツ	オセアニア
真珠・宝石貴金属	7.0 (9.5)	— (—)	5.4 (—)	9.2 (10.6)	9.5 (—)	20.0 (20.0)
美術工芸品	18.7 (17.3)	6.8 (—)	2.7 (—)	30.0 (23.5)	23.8 (18.8)	40.0 (26.7)
着　物	16.4 (15.7)	— (—)	5.4 (6.3)	21.7 (19.7)	23.8 (25.0)	26.7 (6.7)
時　計	3.4 (4.1)	2.7 (7.4)	5.4 (—)	1.7 (2.3)	— (—)	— (13.3)
カメラ関係	9.2 (7.0)	17.8 (3.7)	8.1 (12.5)	3.3 (0.8)	14.3 (—)	6.7 (—)
オーディオ製品	11.5 (7.3)	23.3 (7.4)	16.2 (12.5)	1.7 (6.1)	9.5 (6.3)	20.0 (6.7)
コンピュータ機器，電卓	2.5 (5.4)	1.4 (11.1)	5.4 (—)	1.7 (1.5)	4.8 (—)	— (6.7)
家電製品	8.3 (4.6)	24.7 (25.9)	16.2 (12.5)	2.5 (2.3)	— (—)	— (—)
日用雑貨	6.3 (2.4)	4.1 (7.4)	— (—)	9.2 (3.0)	4.8 (—)	20.0 (—)
衣類，洋品雑貨，化粧品	27.4 (22.2)	31.5 (18.5)	27.0 (18.8)	22.5 (23.5)	19.0 (18.8)	13.3 (26.7)
玩　具	7.6 (9.7)	8.2 (25.9)	5.4 (6.3)	10.0 (9.8)	— (6.3)	13.3 (6.7)
その他（食品，薬品，等）	46.1 (51.6)	47.9 (40.7)	62.2 (75.0)	40.8 (57.6)	28.6 (43.8)	33.3 (40.0)

〈国際観光振興会「訪日外客消費額調査（1991 年）」より作成，（　）＝88 年結果〉

58　　第5章　観光行動の分類と把握

　国際観光振興会（JNTO）が定期的に実施している「訪日外客消費額調査」によると，日本国内において「なんらかの買物をした人（＝購入者）」の割合は65％とされている。購入者を性別にみると女性の方にはるかに多く（76％），年齢別では20歳未満・20歳台の若年層と60歳以上の高年齢層がともに多くなっている。訪日回数別では「はじめて」の人に多くなっており（72.9％），訪日目的別では，親族・友人訪問が最も高く（91.2％），兼観光，会議参加，観光の順となっており，訪日目的が業務である場合も56％の人は買物をしていることが認められている。また，居住地別では台湾・韓国の購入者比率は群を抜いて高くなっている。

　訪日外国人観光客が購入した品目は多岐にわたっているが，来訪者地域別に購入品目をみると，アメリカ・ヨーロッパからの来訪者が"日本的なもの"が中心となっているのに対し，アジアからの来訪者の購入品目の中心は"現代的工業製品"となっており，地域と品目との間には明らかな関係が認められる（表5-8）。

5）　国内観光における「県内客」「県外客」の割合

　国際観光において，"近くからの来訪客"と"遠方からの来訪客"とでは，旅行ルートや土産品の購買が異なるように，国内観光においても訪れる人びとが県内（地元）であるのか県外からであるのかによって，その意味は大きく異なっている。繰り返して訪れる可能性が高いのが地元の人びとであることは当然であるが，宿泊・飲食・土産品等への支出を伴うことによって経済効果をあげ，地域振興にも結びつくことが期待されるのは，遠方（県外）からの来訪者である。そのことは"よいイメージづくり"をはじめとする来訪者誘致の活動を積極的に展開することが必要であることを意味しているのである。

　各都道府県による「入込客統計（1989年分）」によって，"来訪観光客に占める県外客比率"をみると，沖縄，和歌山，京都，石川，長野，山梨の各県が上位に位置しており，一般的にいう"観光事業の盛んな県"であることを示している。しかし，このような"県外客比率"には，位置および面積の条件も関係

しており，とくに，大量の観光需要が発生する都道府県に近接している場合には，その影響はきわめて大きい。このことは国際観光においても全く同様であって，世界有数の観光客受入れ国であるスペインの場合，発地がヨーロッパ諸国である者が全体の85.4%を占めており，さらに，その内の半数は国境を接する隣国のフランス・ポルトガルからの来訪客なのである（数値は1992年）。

6) **観光客および来訪者数が"受入れ国・地域等の人口"に占める割合**

観光地としての"活発度"を，受入れ観光客数と当該地区の人口（一般には対象となる都市の人口）との比に基づいて，ひとつの「指標」を作成することができる。ある地区（都市）の観光客受入れ状況である「T（Tourist）係数」は，次の式によって算出される（図5-1）。

$$\text{「T係数(\%)」} = \frac{\text{年間入込客数} \div 365}{\text{当該地区の人口}} \times 100$$

図 5-1.「T係数（＝来訪客数の地区人口比）」の算出式

わが国の代表的な観光地（観光都市）である熱海・鎌倉・奈良・京都につい

表 5-9. 日本の"有名観光地"の「T係数（%）」

観光地	(A) 入込数（*1）年間計	(B) 入込数（*1）1日当たり	(C) 人口（*2）	(D) (A)÷(C)	(E) (B)÷(C) T係数
熱　海	8,861	24	47	188.5	51.1
鎌　倉	22,618	62	176	128.5	35.2
奈　良	14,544	40	349	41.7	11.5
京　都	39,303	108	1,461	26.9	7.4
（喜多方）	（　773）	（　2）	（　37）	（20.9）	（5.7）

＊1．入込人数は運輸省による1991年の数値（千人）
＊2．人口は1990年「国勢調査」による数値（千人）

て「T係数」を求めると表の通りである（表5-9）。

この値は，分子の（1日当たりの）入込み客数と分母の都市人口の両者に規定されている。人口の少ない所へ大勢の観光客が"外から"訪れる場合に大きくなるのであり，この表で最大の入込み客数がみられる京都の場合は，分母が大きいために，値は7.4となっている。しかし，T係数が3.0を上回るためには，年間に人口の11倍以上の，10.0を上回るには37倍以上の来訪者が必要とされるのであり，一般に，T係数が3.0以上は観光客の多い都市であり，10.0以上の場合は，全般的に観光事業への依存度が高い都市と解することができる。

同様な考えによって，ある国・地域の人口に対する外国人来訪者数の割合を次の式によって，「V（Visitor）係数」として示すことができ，この値は，国・地域の観光事業の活発度および経済依存度を示している（図5-2）。

$$\text{「V係数(\%)」} = \frac{\text{年間入込外国客数} \div 365 \times \text{平均滞在日数}}{\text{当該国・地域の人口}} \times 100$$

図 5-2.「V係数（＝来訪外客数の人口比）」の算出式

平均滞在日数を一律に10日間として，世界の主要国・地域について算出すると，最もこの値が高いのはスペイン（3.67）であって，香港（2.89），シンガポール（2.73），イタリア（2.45）がこれに続いている。なお，イギリスは0.80，ドイツ・アメリカはそれぞれ0.50, 0.48であり，日本は0.08と世界で最も低い国のひとつとなっている（数値は1991年）。

第Ⅱ部　観光行動の心理学的分析

観光に対する心理学的研究

　近代的な観光事象が一般に認識されるようになるのは20世紀にはいってからであり，人びとの他国・地域への一時的移動がもたらす経済的効果に対する関心が本格的に高まったのは，1920年代後半に第一次世界大戦からの復興がなされた西ヨーロッパ諸国においてであった。

　観光による人びとの移動は必然的に金銭の移動を伴うことから，いかにすれば観光客の流れを自国へと導くことが可能なのか，そのために必要とされる方策，さらにその前提としての観光事象そのものの数量的把握の方法などに対する研究が，イタリア・ドイツなどで始まったのであり，これが近代的観光研究の発端となっている。

　観光は，人間が他国・地域へと旅行をするという個人的行動に基づいていることはいうまでもないが，研究の初期においては，「人が何故旅行するのか」という問題に対しては"ほとんど本能的なもの"とする見方や，課題とすべきは"個人的事柄ではなく，観光需要の流れを規定する条件の解明"といった考えかたが中心となっていた。そのような中で，1935年に"観光の原因"分析を観光研究のひとつとして位置づけ，観光欲求・動機などの分類を含む著作を発表したのがドイツのグリュックスマンであり，その意味では観光を心理学的視点から分析することを試みた最初の研究者であったといえる。

　しかし，消費者行動一般に関する心理学的研究が本格的に行われるようになるのが，最も早く大衆消費社会が成立していたアメリカにおいても第二次世界大戦後であったように，大衆観光社会が成立しない段階においては，観光を人間行動のひとつの形態としてとらえる考えかたや，さらにその心理的メカニズムを分析することは，ほとんど顧みられることがなかったのである。

　観光に関する心理学的問題において，例外的に関心が寄せられていたのは，観光事業の効果的な運営のための"観光客心理"の理解についてであり，現在でも"観光心理"という言葉が，実務的には"観光客心理の分析"を意味して

用いられている場合がある。

　観光の大衆化が進展するとともに、観光に対する心理学的研究の役割は急速に大きなものとなってくる。それは、観光が現代を象徴する社会事象としての位置を占めるようになり、人びとが観光に何を求め、どのようにして行き先や行動形態を選択し決定しているのかを把握することが、観光関連事業運営にとって必要不可欠なものとなってきただけではなく、人間行動一般を理解するためにも観光行動の仕組みを分析することが重要となっているからである。

　現在、消費者行動一般に関する分析を含まない現代社会論や社会心理学が成立しえないように、観光に対する心理学的分析は、行動一般を理解するための重要な役割を担っているのである。

第Ⅱ部の構成

　まず最初に、観光欲求・動機および観光行動成立の一般的仕組みについて説明し、観光行動における"選択"について分析するとともに、2つの基本的志向性について考察を加えている（6章）。

　次の章では、複数の選択代案の中から特定の行動を選択する"強さ"を意味するものとしての「観光者モチベーション」に関して、理論と実証の両面からの分析を行っている（7章）。

　前述したように、観光に対する心理学的研究として最も"歴史のある領域"である「観光者心理と観光行動」に関する章では、観光者心理の特徴および行動成立の諸条件の影響について詳しく考察するとともに、観光者にみられる他者依存性と観光者保護の問題について説明を加えている（8章）。

　終わりの2つの章は、観光行動を含め消費行動一般に大きな影響を与えている「イメージ」について考察しており、まず、イメージの概念、イメージ測定の方法およびイメージの基本的性格について説明している（9章）。

　前章の基礎理解をふまえて、最後の章では、イメージの影響をとくにうけやすい観光行動とのかかわりについて、実証的研究紹介を中心に多面的な分析を

行い，観光におけるイメージの役割と機能について説明している（10章）。

[（第Ⅱ部関係）参考文献]

###〈第6～8章〉
前田　勇「観光行動と観光心理」（前田編著『観光概論』収録，学文社，1978年）
前田　勇「観光者モチベーションに関する研究」（『日本観光学会報告』第12号掲載，日本観光学会，1982年）
前田　勇「観光欲求と観光行動」（鈴木編『現代観光論〈新版〉』収録，有斐閣，1984年）

〈第9・10章〉
ケネス・E・ボウルディング（大川信明訳）『ザ・イメージ』誠信書房，1962年（K. E. Boulding『The Image』1956）
ダニエル・J・ブーアスティン（星野・後藤訳）『幻影の時代』創元新社，1964年（D. J. Boorstin『The Image』1962）
日本経済新聞社企画調査部編『企業イメージ』日経新書，1972年
藤岡　喜愛『イメージと人間』NHKブックス，1974年
岩下　豊彦『オスグッドの意味論とSD法』川島書店，1979年
水島・上杉編著『イメージの基礎心理学』誠信書房，1983年
前田　勇「観光とイメージ」（『月刊観光』1980-2～4月号掲載，日本観光協会，1980年）
前田　勇「観光における知識とイメージに関する研究」（『応用社会学研究』No.27号掲載，立教大学社会学部研究紀要，1986年）

第6章　観光行動のメカニズム

1. 観光行動の内的発動因の分析

1) 観光欲求・観光動機

一般に，観光行動を生起させる心理的原動力を「観光欲求」，具体的な行動に駆り立てる心理的エネルギーを「観光動機」と称することがある。これらはともに，観光行動の原因となるものを説明するための言葉であり，両者は明確に区別されることなく，互換的に用いられていることが多い。

このような用語が観光研究の中に採り入れられ，観光の原因や決定要因を説明することを目的として欲求・動機の分類が試みられたのは，すでに1930年代のことであった。

当時は，観光行動生起の内的発動因に関しては，"ほとんど本能的なもの"とするものや，"観光客の流れを規定している要因の解明が観光研究の最大の課題であり，観光欲求・動機の分析は二義的なもの"とする考えかたが主流でった。しかし，ドイツのグリュックスマン（R. Glücksmann）は，観光欲求・動機を，観光成立の"基本条件のひとつ"として重視すべきであると考え，1935年に発表した『一般観光論』において"観光の原因"を分析し，旅行者側にある原因を「心的」「精神的」「肉体的」「経済的」の4つに大別した（図6-1）。

わが国における観光研究の大先達の1人である田中喜一は，ヨーロッパにお

図 6-1．"観光の原因"の分類（グリュックスマン）
（「*Allgemeine Fremdenverkehrskunde*」1935.より作成）

ける観光研究を参考として『観光事業論』を 1950（昭和 25）年に発表したが，その中でグリュックスマンの構想に準拠した観光欲求・動機の分類が試みられている。

田中は，心情的動機（心的原因）を思郷心・交遊心・信仰心に，精神的動機（精神的原因）を知識欲求・見聞欲求・歓楽欲求にそれぞれ細分化している。また，身体的動機（肉体的原因）は治療欲求・保養欲求・運動欲求に，経済的動機（経済的原因）は買物目的・商用目的にそれぞれ区分されている。

このような分類は，さまざまな欲求が観光行動にかかわっていることを整理したという点では意味のあるものである。しかし，行動分析を行う観点からみると，治療や保養はひとつの行為であり欲求とするのは不適当であり，また，全般的にみて欲求・動機の分類であるよりも目的の分類であると思われる。

2）行動原因を分類することの限界

観光行動にかかわりをもつと考えられる欲求・動機をなんらかの基準で分類することは可能であるが，ある種の行動に対応させて，欲求・動機を設定するという考えは適当ではない。人間の行動生起の心理的原動力を，生理的基盤や対象・目標などの種類によって分類することはできる。しかし，そのことは，すべての行動（結果）に対応する固有の欲求・動機（原因）があることを意味するものではない。

欲求・動機は，ある特定の行動にだけ対応するものではなく普遍的に存在しているのであり，行動によって欲求が充足されうると主体が感じると，欲求は動機として顕在化し，行動を生起させるエネルギーとなるのである。

行動の原因を説明するために，それに対応すると欲求を設定するという考えかたは，消費者行動一般に関する研究においてもみられ，商品類型別に詳細な購買動機のリスト作成が試みられた時期（1920～30 年代）があった。しかし，欲求・動機の分類をいかに詳細に行ったとしても，それは際限のない作業なのであり，人間の多様な行動を欲求・動機という主体側の内的発動因だけで説明することはできないし，同じ欲求・動機があれば同じ行動を示すといった単純な

前提が成り立たないことは常識的にも明らかなのである。

3）観光にかかわる"現代的欲求"

かつて，心理学者今井省吾と（財）日本交通公社の研究グループは，大学生を中心とする日本の若者の旅行動機の分析を行い，（現代人の）旅行に赴く動機には，気分転換・自然にふれることなどを理由とする「緊張解除の動機」，皆が行くから・常識として知っておきたいなどの「社会的存在動機」，未知へのあこがれなどの「自己拡大達成動機」の3つがあることを指摘した。

これは，観光行動が人間のさまざまな欲求・動機とかかわっていることを示しているとともに，マズローが「欲求段階説」として指摘している"生理的""社会""自己実現"のそれぞれのレベルの欲求と対応していることを示しており，興味深い研究結果となっている。

しかしながら，ここに示されているものは，観光行動の欲求・動機というよりも，現代人とくに対象となっている若者が観光という行動を通して充足したいと感じていること，あるいは充足できると期待している事柄であると解するのが妥当であると考えられる。そしてさらに，示されていることの大部分は，"旅行すること"そのものではなく，"どこへ・どのような旅行をしたいか"の選択に直接的なかかわりをもった事柄なのである。彼（彼女）らは，それぞれの期待に応えてくれると思われる情報を選択して，具体的な行動を起こしているのである。

2．観光行動生起の仕組み

1）観光行動成立の条件

観光欲求・動機は，観光行動生起の主体側の要因であるが，行動が成立するためには「時間（一般には余暇時間）」「金銭（費用）」「情報」などの条件が整っていなければならないのであり，これらは具体的な観光行動成立の基本的条件である。また，行動主体と行動の対象となるものとをむすびつける機能（交通・通信等の媒介機能）が存在しなければ，観光行動は一般にはありえないこ

とはいうまでもない。

　一般に行動は,「個体側の要因」とそれをとりかこむ「環境側の要因」との相互作用の結果として説明することができる。それは, 個体側の条件が同じであっても環境的条件が異なれば行動は変化し, また, 環境的条件が同一であっても個体が違えば行動は異なることを意味しているのである。

　観光行動に関しても, この説明はそのままあてはまるのであり, 時間・金銭などの条件が整うことによって, 観光行動は生起しやすくなる。また一方, 観光対象を含む観光事業側からの働きかけは, 主体側の観光への意欲を強めることに作用するのである（図6-2）。

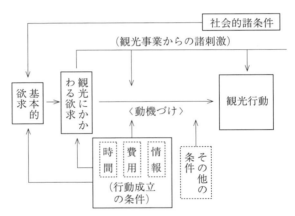

図 6-2. 観光行動成立の仕組み（モデル）

　注意してほしいのは, 具体的な観光行動を起こさせている心理的エネルギーがすなわち観光欲求・動機ではないという点である。人間行動の背景にはさまざまな欲求・動機があり, また, マズローが指摘しているような"欲求構造"の存在を想定することもできる。これらの欲求・動機は, 社会的諸条件との関連によって具体的行動となって現れるのであり, それらの中で観光行動の生起にとくにかかわりをもつと考えられるものを, 俗に"観光欲求・動機"と称しているのである。"気分の転換""役割の転換""行動範囲の拡大""同調"とい

ったこと(いずれも社会生活を通してつくられた2次的なもの)も,観光行動に結びつきやすい欲求の例である。

しかし,これらの(単一あるいは複合された)観光への"意欲"だけでは,観光行動への心理的エルギーとはならないのであり,時間・金銭・情報などの条件と再び結びつくことによって,はじめて具体化するのである。行動一般の仕組みの場合と同様に,"意欲"が強ければ時間・金銭等の条件を整えようとする度合いは強まり,時間・金銭等の条件があれば"意欲"を刺激することとなり,これらの結果として,観光行動が具体化するのである。

2) **観光行動における「選択」**

観光行動は,消費者行動一般と同様に"選択行動"であり,とくに日常的な購買行動の場合とは違って,さまざまな選択の"連続過程"である点に基本的な特徴がある。それは,観光行動(とくに観光行為)が,"楽しみ"を求めた行動であり,自由に選択できるものであることを意味している。

観光行動における「選択」の対象は数多くあるが,"行動を行うか否か"が以下の多くの選択の前提となる"最初の選択"である。そして,時間的経過としては,観光行動を行うことが決定された後に,行き先・行きかた・行動予定などが順次選択されることになる(図6-3)。

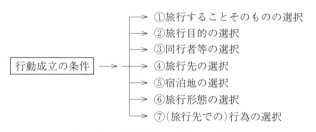

図6-3. 観光行動における「選択」

しかし実際には,ある事柄がまず選択され,その結果として他の条件が選択される場合も少なくはない。たとえば,「○○で開催されている△△を見に一緒に行かないか」と友人から誘われ,同行することを承諾した場合,〈行くこと・

行き先・同行者〉が同時に選択（＝決定）されているのであり，旅行方法・宿泊先などがその後の選択すべき事柄となる。「スキーバス」に参加する場合や「旅行商品」を選択する場合も同様で，参加するか・しないかという基本的な選択が他の多くの条件を規定するのである。

これに対して，家族旅行などの個人的旅行を計画する場合には，時間的経過にそって，多くの選択がなされているのである。これらの選択と情報とは密接な関係があり，情報が豊富であればあるほど，一般には選択の幅が広くなる。

これらの選択条件の中で"最重視されたもの（行動全体を規定したもの）"を観光行動選択における「重点条件（Dominant Factor）」とし，これを手がかりに，観光行動を次のように3タイプに区分することができる。

　　◎「旅行優位型」…………観光行動を行うか否か（旅行に出かけるか否か）
　　　　　　　　　　　　　　の選択そのものが重視されるタイプ。
　　◎「旅行先優位型」………「何処へ」行くかの選択が重視されるタイプ。
　　　　　　　　　　　　　　（この中には，さらに下位区分として，どのよう
　　　　　　　　　　　　　　な方法で行くか〈旅行形態優位型〉や，どこで
　　　　　　　　　　　　　　（場所）宿泊するか〈宿泊地優位型〉などがある）
　　◎「目的行為優位型」……旅行先でどのような行動をするか・したいかに
　　　　　　　　　　　　　　関する選択が最重視されるタイプ。（この中に
　　　　　　　　　　　　　　は，特定の宿泊・飲食等施設利用を重視するタ
　　　　　　　　　　　　　　イプを含む）

3) 観光の発展過程と"選択タイプ"

"観光の大衆化"がみられるまでの中心は「旅行優位型」であり，観光は，多くの人びとにとって"ごくまれに行うもの"であり，出かけること（参加すること）自体が重要な選択（決定）事項であったのである。国内観光が一般化した時期においても，外国への旅行に関してはこのタイプが中心であり，行くこと（行ったこと）そのものが大きな意味をもっていたと考えられる。

"観光の大衆化"が進んだ段階になって増加してくるのが「旅行先優位型」で

あり，旅行することは"普通のこと"と考え，行き先や行きかたに対しての関心が強まったのであり，国内観光に関しては1970年代から，国際観光においては1980年代以降の傾向と考えられる。

そして，観光がさらに一般化することにより，"行くこと"よりも"行動の内容"がより重視される「目的行為優位型」が現れてくる。国内では80年代に入ると顕著になり，国際観光においても80年代半ば以降にみられるようになってきている。

3つのタイプと，第2章で説明した"観光大衆化の過程"との関連を図示すれば，次の通りである（図6-4）。

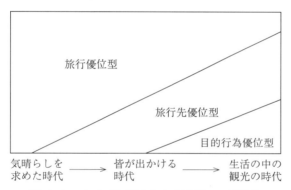

図 6-4. タイプと観光大衆化過程との関連性

忘れてはならないのは，あるタイプに代わって次のタイプが登場するということなのではなく，観光行動における"基本型"ともいえる「旅行優位型」はどの時代にあってもありうるのであって，それ以外のタイプも多く現れるようになってきているということなのである。

このような傾向は，国民各層に旅行経験が蓄積されたこと，旅行に関する情報の飛躍的増大と各種の利便性向上などによって，"選択の自由度"がさらに増大したことによって生じているものであり，観光の発展過程において一般に認められる傾向と考えることができる。

観光行動における「イメージ」の役割が重視されるようになったのは，基本

的に「旅行先優位型」が登場するようになった時期以降のことである。それは"どこがよさそうか""何が楽しそうか"という主観的・情緒的な評価が選択に影響することについての関心が高まったからに外ならない。

　また，観光行動に伴う土産品の購買に関してみると，最も購買意欲が強いのは一般に「旅行優位型」のタイプである。このタイプが主流を占める時代においては，実際の購買力がそれほど高くないこともあり，とくに外貨の場合には持ち出し制限があるなどによって，消費される金額そのものは限られている場合があるが，購買意欲はきわめて旺盛なのである。これに対して，「目的行為優位型」のタイプは，特定商品を購買することそのものが主たる目的となっているタイプを含むように，自分の好む商品等を積極的に購買する人も当然いるものの，購買にはあまり興味を示さない場合も多くなり，全般的に，購買意欲は「旅行優位型」よりも低くなるとみるのが妥当なのである。

　「旅行先優位型」は，この中間型であり，"強い購買意欲"と"選択的な積極的購買"との両面を併せもっているが，わが国の外国への観光行動にこのタイプが登場するようになった時代には，（80年代半ば以降は"円高"効果も加わり）購買力が高くなったために，"活発な購買"の面が強調される結果となった。

　一般に，観光行動選択における「重点条件」によって，購買行動も変わるのであり，関連事業者はこの点を考慮に入れて商品開発と販売方法を行うことが必要とされる。

3. 観光行動における基本的志向性

1) "2つの類型"の想定

　人間が観光行動に求める"基本的志向性"を2つに区分するという考えかたがあり，先にあげた"旅行先でやりたい行動"のような具体的行動区分ではなく，基本的な類型を想定するものである。

　イギリスの観光研究者グレイ（H. P. Gray）は，ヨーロッパにおける観光の実態に基づいて，観光行動を「ワンダーラスト（Wanderlust）型」「サンラスト

(Sunlust）型」とに分類した。このラスト（lust）とは，"～を求める"の意味であり，したがって前者は，「知識や見聞を広める・体験するなどのために観光する」というタイプである。これに対して後者は，「やすらぎ・くつろぎを求め，"適当と思われるところ"へ一時的に移動する」というタイプが相当している。

この分類は，日常生活を一時的に離れようとする人間の心理的エネルギーの"方向性"に関するものとして，示唆に富むものといえるのであり，一般に用いられている「周遊型」「滞在型」という観光行動区分にも対応している。

この分類において，やすらぎ・くつろぎを求めるタイプを「サンラスト型」と称したのは，ヨーロッパの研究者であるからであり，やすらぎ・くつろぎの場所をシンボライズしているのは"太陽のふりそそぐ地区"と考えたからに外ならない。したがって，太陽の光に恵まれる地方の多いわが国にこのタイプをあてはめる場合には，むしろ「ムーンラスト型」と称するのが適当ともいえるのであり，"月のあかりと温泉"とに，やすらぎ・くつろぎを感じる日本人の感覚が，温泉愛好と深くかかわっているのである。なお，中国（台湾）の観光研究者には，「ワンダーラスト」を"流浪欲"，「サンラスト」を"陽光欲"として，紹介している例もみられる[*]。

2）"サンラスト型"と"リゾート志向"

観光行動における基本類型という観点からみると，サンラスト型（あるいはムーンラスト型）は"リゾート志向"と密接な関係があることはいうまでもないのであり，グレイの考えではサンラスト＝リゾート志向なのである。

しかし，注意すべきことは，志向性と実際の行動との間にはギャップがあるという点である。結果としての行動は，現実的諸条件の制約下にあり，時間・費用などの個人的条件に加えて，社会・生活慣習や関連事業活動の影響を強くうけているのである。

したがって，「わが国にはリゾート型はまだ存在していない」「滞在日数が何

（＊）唐　学斌著『観光学』（中国文化大学観光事業学系1984年刊）

日以上でなければリゾート型ではない」といったことだけを問題とするのはあまり意味のある論議ではない。ヨーロッパにおいても，1930年代後半に連続休暇制度が導入されたことによって"バカンス"が誕生したのであり，一部の特権階層ではなく，多くの人びとがリゾートを利用するようになったのは第二次世界大戦後のことなのである。

　わが国における実際の観光行動を，"主たる目的"とされているものによって再分類してみると，"滞在する"という意味での「リゾート型」はごく少ないことは明らかである。しかし，特定の対象地に赴き，やすらぎ・くつろぎを求めようとするタイプを仮に"リゾート志向"とするならば，その割合はかなり大きいのであり，条件が整えば"滞在型"ともなりうる「温泉・湯治」や，「スポーツ・レクリエーション」を主目的とした観光行動は確実に増加しているのである（5章の表5-2参照）。

第7章 「観光者モチベーション」の測定

1. 「観光者モチベーション」の概念

　すでに述べたように,「モチベーション (Motivation)」は行動を起こす仕組みを,行動主体と行動の対象となるものとの相互作用として全体的に把握するための概念である。

　これが一般的な意味であり用法でもあるが,"選択行動として"ある行動がとられる「心理的強度 (Psychological Intensity)」を示すものとして用いられる場合がある。産業心理学において,モチベーションといった場合には,通常は"働く意欲 (Motivation to Work)"を意味しており,また,一般に学習に関して「彼(彼女)はモチベーションが高い」という場合は,"やる気がある"ことを意味しているのである。このような表現は,一見すると主体側の要因のみが強調された言葉のように思われるが,欲求等の主体側にある条件と,課題・目標という対象側の条件との相互関係によって,"やる気"はつくられているのであり,仕組みとしての意味をもっていることは同じなのである。

　心理的強度を示すものとしてのモチベーションは,行動の仕組み一般についての説明ではなく,"行動傾向の強さ"を意味しており,なんらかの方法によって把握された測定値として示されるのである。

　観光行動における"心理的強度としてのモチベーション"は,行動成立にかかわる"選択"に焦点をあてたものであり,複数の選択代案の中からどのようなタイプの観光行動を選択するのか,あるいは,どの行き先を選択するのかなどの場面において,"ある行動（行き先）"を選択する強さを表している。

　したがって,行き先等についての選択を自由に行うことのできない行動は,モチベーション測定と対象とはなりえないのである。その意味において,研究の対象となるのは,基本的に「観光行為」なのであって,結果的には"客"と

して観光行動に含まれる場合があるとしても，モチベーション研究では対象外となるのである。

2. 「観光者モチベーション」測定の方法論

1) 対象とする"選択場面"

ここで対象とするのは，外国への観光行動を試みる場合の最も基本的な問題である国・地域を"選択する傾向性の強さ"についてである。これは，行き先地選択の要因分析という一般的な研究課題であるとともに，各国における観光振興（Tourism Promotion）の課題にもかかわっているものである。

これ以外にも，さまざまな選択場面を設定することはもちろんできるのであり，たとえば，余暇行動一般の中で観光行動が選択される傾向性を測定することも可能である。しかし，このような問題は，意見調査の結果として一般傾向を把握する方がより有効であり，"測定値"として把握することに意味のある問題は自ずと限定されている。

2) 測定の理論的背景

ここで紹介する測定方法の理論的背景は，産業心理学の領域で研究されてきた「道具性期待理論（Theory of Instrumental Expectancy）」である[*]。

この理論の基本的な考えかたは，「ある行動を選択しようとする傾向性の強さは，その行動を選択することによってもたらされると予想される成果に対する期待と，その成果に対して行動主体がもっている価値との関係によって規定される」というものである。以下これについて説明する。

まず，後段の"成果に対する価値"の部分であるが，一般的には，さまざまな欲求に対する重要度であり，「このようなこと」「あのようなこと」が達成されたらよいと感じる度合いであり，当然に個人差がありうる。

---

[*] 「道具性期待理論」については，次の文献を参照。
V. H. Vroom; *Work and Motivation* John Wiley & Sons, Inc. 1964.
E. E. Lawler Ⅲ; *Pay and Organizational Effectiveness－Psychological View－*, McGraw-Hill, Inc. 1971.（安藤瑞夫訳『給与と組織効率』ダイヤモンド社，1972年）

2.「観光者モチベーション」測定の方法論

重要なのは，"もたらされると予想される成果に対する期待"という前段の部分である。ある行動を選択することにより，なんらかの結果が生じるわけであるが，それが"望ましい"と考えているものであるか否かによって，成果としての評価は当然に異なってくる。一般に人間は，自分にとって好ましいと考える結果が生じる可能性の高い行動を選択するのであり，可能性に対する予想が行動を活発にさせたり不活発にさせたりする。ただし，何を"好ましい"と考えるかは個々人によって異なり，行動はこの両方の影響をうけている。

観光行動に関して例をあげて考えてみよう。

ある国へ旅行することによって"美しい景色に接すること"ができると期待されるとき，その国への旅行は「美しい景色をみたい」という欲求を充足するための手段として有効（＝道具性を有する）と考えられるのである。同様に，この国への旅行は，他の"さまざまな欲求"に対しても充足の可能性をもっていると考えられ，ある行動は，複数の欲求充足についての"道具性"をもっているのである。しかしながら，この"道具性"に関する判定は，各人の主観的な期待なのであり，"予想"なのである。

そして一方には，「美しい景色をみたい」という欲求は，かなり一般性があるとしても，その魅力には個人差があり，観光行動にかかわる欲求（群）にはさらに個人差の大きなものが多く含まれているという問題があるのである。

「理論」をより具体的に，「ある行動を選択する強さ」は「さまざまな欲求を充足することの魅力」と「さまざまな欲求を充足することに対する期待（道具性）」とを"それぞれ掛け合わせたものの総和である"と表現することができる。これを数式の形で示すと図の通りである（図7-1）。

$$M = \Sigma (I_{ij} \times V_i)$$

＊M＝ある行動への傾向性の強さ（＝モチベーション）
＊I＝ある行動が欲求（群）の充足につながる主観的予想（＝道具性）
＊V＝欲求（群）のもつ魅力（重要度）

図 7-1．「モチベーション」の測定式

3) 測定の基本的方法

具体的測定は，以下のように行う。

① 「さまざまな欲求を充足することの魅力」＝「V」の測定

　観光において行いたいと考えられている行動をリストアップし，それぞれの行動について"魅力の度合い（やってみたいと思う度合い）"を評定してもらう。

　リストアップする行動は，前もって別途な調査等によって把握し，その結果に基づいて 20 種類以上 30 種類以内に整理することが必要である。行動が少ないと結果に歪み（バイアス）が生じやすくなるが，多すぎても手間がかかるだけで有効性は乏しい。

　「観光者モチベーション」測定は，特殊な"志向性"を分析することではなく，一般的傾向の強さの把握することを目的としているので，調査・資料等の結果から，全体の 30% 以上の人が望んでいる行動を対象として選定するのが妥当であると考えられる。

　評定は，尺度法を用いていくつかの段階に区分することを求めるが，5～1 または 3～0 などの形式的段階評定よりも，「必ずやってみたい」から「やりたくない」などの回答しやすい評定区分のほうが有効性が高い。

② 「(さまざまな) 欲求を充足することに対する期待 (道具性)」の測定
＝「I」の測定

　ある国・地域への観光行動において，(リストアップされた) 各行動が実際に達成できると思う"見通し"について，それぞれ評定してもらう。

　"見通し"に関する評定も，尺度法を用いていくつかの段階に区分することを求めるが，これについても「V」の場合と同様に，形式的評定段階を設けるよりも「必ずできる（と思う）」から「できない（と思う）」などの区分のほうが回答しやすく，この「I」は個人的・主観的な"予想"であることからも，このような評定形式が適当であると考えられる。

③「ある行動を選択する強さ」＝「M」の測定

　「V」と「I」とが合致している場合だけに得点を与えるということがこの方法の基本的考えかたである。「V」が高くとも，それが実際に達成できる見通しがなければ，誘引する力とならないのであり，実現の可能性が高くても，そのこと自体に魅力を感じていない人にとっては意味のあるものとはならないのである。

　最新の装置を備えている"カラオケハウス"があるとしても，歌うことに興味のない人にとっては吸引する力とはならないし，また，歌うことに強い興味のある人にとっては，装置がよくなかったり，用意されている曲目数が少なければ魅力のない店となるのと同じことなのである。

　問題となるのは，"合致"の範囲と評価の基準であり，後に実例によって説明する。そして，合致した場合に与えた得点の合計によって，「M」の値とするのである。

3.「観光者モチベーション」測定の実際

　以下，実際の測定例をあげて説明する。

　ただし，この方法による「観光者モチベーション」の測定に関するデータをすべて紹介するのは紙数の面から困難であるので，それぞれ必要な部分のみを順をおって紹介することとしたい。

1)「V」測定の対象とする行動群

　まず最初の作業として，人びとが一般に，外国への観光において"望んでいると思われる行動"を分析し整理することが必要である。ここでの行動は，欲求・動機のレベルではなく，結果として現したい，実際に行いたいと期待していることであり，できるだけ具体的な行動として明確に表現することが求められる。また，ある行動への魅力が，特定の国・地域への旅行を強く動機づけることがあるのも事実であるが，ここでは，それぞれの行動は一般性をもつものとして扱うことが原則であり，特殊要因の分析は別途に行うべきである。

第7章 「観光者モチベーション」の測定

表 7-1. 外国での観光行動の "魅力" と "(実現の) 予想"

外国への観光での行動 (「V」測定の対象とする行動群) 〈部分―上位10項目―〉	「ぜひやってみたい」と回答した人の%	実現の "予想"	
		A国	B国
①美しい風景を見る	85	79	36
②広大な大自然に接する	80	87	12
③土地の風物や町並みを楽しむ	76	40	53
④土地独特の食べ物や飲み物を味わう	68	42	54
⑤遺跡・歴史的建造物を観賞する	66	17	44
⑥有名な公園や遊園地を訪れる	60	34	30
⑦特産物や民芸品を購入する	57	41	68
⑧免税店で買い物をする	55	59	73
⑨美術館・博物館を訪れる	54	19	50
⑩有名なリゾート地で過ごす 　（スポーツ活動を含む）	53	53	6

（数値は，1982年実施の「全国調査（対象者1700名）」を掲載）

調査結果によって，"望んでいる行動"とそれぞれの行動の"実現の予想"を例示すると表の通りである（表7-1）。

この結果は，かなり以前(1982年)に行われたものであるが，予備調査によって50項目より選定された25項目を対象として実施しており，設定された行動はかなり網羅的である。また，「ぜひやってみたい」と回答した割合に基づき「外国での観光行動」における"魅力"を5つのタイプに区分している。

表に示したのは，その内の第1グループ（希望率70％以上），第2グループ（希望率60～69％以上），第3グループ（希望率50～59％以上）であり，これらが"魅力（希望）"として一般性の高いものと考えられた。そして，第4グループ（希望率30～49％以上），第5グループ（希望率29％以下）により多くの行動が含まれるのであり，観光に求めているものの多様性が改めて認められる。これ以後，同様な調査を数多く実施してきたが，その結果は，上位(第1～第3グループ)にはほとんど変動がみられないのであり，一般的な"外国への観光における基本的希望行動"であると認められるのである。

これに対して，実施時期によってやや異なり，さらに対象層によって変動がみられるのは"下位グループ"に属する行動なのである。その意味から，以下の説明は，この10種類の行動に限って行うこととする。

「実現の"予想"」についてみると，A国は"自然観賞系"の行動において高い割合となっているのに対して，B国は"独自の生活"や"文化的活動"とのかかわりにおいて比較的優位である。この2つの国がもつ観光行動の対象としての魅力はそれぞれ異なっており，充足されると期待されているものは同様ではないことが示されている。

2）「I」の測定

例示した結果は，別途に大学生を対象とした調査の一部であり，対象となる「V」は前記した理由から前表で示したものと同一であり，「I」測定の結果は3つの国に限定して示した。また，「I」は「必ずできる（と思う）」以下の4段階（後掲の図7-2を参照）によって評定されており，それぞれ3～0の点数を与えており，評点の最高点は3点である（表7-2）。

全体として評点の男女差は少なく，項目（行動）における国別の差はかなり認められる。オーストラリアは，"自然接触型"の行動において優位にたっているが，中国もこれらの行動の可能性がかなり高いと予想されている。韓国は「土地独特の飲食物を味わう」という"生活文化接触型"の行動においてオーストラリアを大きく引き離しているが，この項目に関しては中国も高く評定されており，"買物型"に関しても明らかな差異は認められていない。

中国が圧倒的に優位にたっているのは"歴史資源観賞型"の行動に関してであり，この点ではオーストラリアの可能性はきわめて低く評定されている。しかし，オーストラリアは，"自然接触型"とともに"リゾート性"において，きわめて高い実現可能性があると認められている。

なお，「I」測定に関しては，その国・地域に対する"経験・知識の度合い"を同時に把握し，その影響を分析することが必要である。

表 7-2. 「観光者モチベーション」の測定 (1) ―「I」の測定値―

「V」測定の対象とした行動〈部分〉	「I」測定の対象とした国・地域〈部分〉					
	韓国		中国		オーストラリア	
	男性	女性	男性	女性	男性	女性
①美しい風景を見る	1.16	1.29	2.50	2.35	2.87	2.91
②広大な大自然に接する	0.68	0.82	2.74	2.65	2.89	2.88
③土地の風物や町並みを楽しむ	2.00	2.06	2.26	2.32	2.13	2.00
④土地独特の食物や飲物を味わう	2.63	2.79	2.82	2.74	1.79	1.68
⑤遺跡・歴史的建造物を観賞する	2.10	1.91	3.00	2.94	1.11	1.26
⑥有名な公園や遊園地を訪れる	1.50	1.47	1.63	1.56	2.11	2.12
⑦特産物や民芸品を購入する	2.08	2.29	2.45	2.44	2.03	2.03
⑧免税店で買物をする	1.95	2.03	1.26	1.35	2.21	2.18
⑨美術館・博物館を訪問	1.45	1.18	2.00	2.12	1.21	1.38
⑩有名なリゾート地で過す（スポーツ活動を含む）	0.98	0.65	0.39	0.50	2.82	2.59

（数値は，1993年11月に行った調査〈大学生男女各約100名対象〉結果を掲載）

3）「M」の算出

「I」と「V」との"合致"をどう判定するかについては，さまざまな考えかたがあるが，ここでは合致のパターンに応じて，それぞれにウェートを与える方法を紹介する。「V」「I」の評定区分とともに「M」の算出方法を示せば図の通りである（図7-2）。

また，算出方法を仮の結果に基づいて示したのが次表である（表7-3）。

3．「観光者モチベーション」測定の実際　83

```
    「V」の評定区分              「I」の評定区分

「必ずやってみたい」………◎    「必ずできる（と思う）」…………◎
「やってみたい」……………○    「ある程度はできる（と思う）」…○
「できればやってもよい」…△    「少しはできる（と思う）」………△
「やりたくない」……………×    「できない（と思う）」……………×

             「M」の算出方法

    「V」の評定    「V」の評定    「M」のスコア
       ◎ …………… ◎        ⟶ 3
       ◎ …………… ○        ⟶ 2
       ○ …………… ◎        ⟶ 2
       ○ …………… ○        ⟶ 1
```

図 7-2．「V」「I」の評定値と「M」の算出方法

表 7-3．「観光モチベーション」の測定(2)　「M」算出方法の例示

対象となる行動	行動の魅力「V」	実現可能性＝「I」					
		対象とする国・地域					
		A	B	C	D	E	F
1	◎	○	○	△	○	△	○
2	○	○	◎	×	○	×	△
3	◎	○	×	◎	○	○	△
4	○	◎	○	○	△	△	◎
5	△	◎	○	×	○	△	○
6	×	×	×	○	△	○	△
7	◎	◎	○	×	×	△	○
8	◎	○	○	○	△	△	○
9	○	○	○	◎	◎	○	△
10	○	×	△	△	○	○	○
$M = \Sigma(I \cdot V)$		11	12	8	9	4	9

（評定結果は仮定のもの，M は結果に基づき算出）

例ではB国とA国が「M」の値が高くなっており，それは"やりたいと望んでいる行動"と"実現可能性"とが合致する割合が他の国より多いことによるものであり，とくにB国の場合は，「I」に関して「◎（＝必ずできる）」と期待されている行動が4つあることが関係している。

注意してほしいのは，これは最終結果ではなく個人について算出した値なのであり，対象者それぞれについて同じ形式の表が作成され，その結果が統計的数値となるのである。

先に「I」の測定例としてあげたデータ（表7-2）に基づいて「M」を算出すると次の通りである（表7-4）。

表 7-4．「観光モチベーション」の測定(3)
算出された「M」の値

( )＝標準偏差

	韓 国	中 国	オーストラリア
全 体	7.82 (2.74)	11.74 (4.72)	11.33 (3.46)
男 性	7.24 (3.48)	10.84 (5.45)	11.32 (2.22)
女 性	8.47 (1.63)	12.74 (3.46)	11.35 (4.14)

（表7-2に示した数値による。Mの値は10種類の行動（V）によって算出した仮のものである）

この例における，（大学生の）観光行動の傾向性（観光者モチベーション）は，中国とオーストラリアが韓国より強いことが示されている。

「M」の値には，性別による差がみられ，男性ではオーストラリアが，女性では中国がそれぞれ第1位を占めているが，男性の中国に対する値はかなり分散が大きく，個々人による違いがあるのに対して，韓国に対する女性の分散はごく小さく，共通性の高い数値であることが認められる。

4．「観光者モチベーション」測定の意味

　ここで紹介した測定方法は，基本的に，"望ましいと思う目標"に対して積極的に行動しようとする"接近のモチベーション（プラス型）"を取り扱っているが，同様な方法によって"回避のモチベーション（マイナス型）"を測定することも可能である。

　ここでの"回避のモチベーション"とは，観光行動に関して「好ましくないこと・イヤなこと」と遭遇する可能性（危険性）のことである。理論的には，"接近のモチベーション"と"回避のモチベーション"とのバランスによって行動は決定されると考えこともできるが，実際の測定はかなり複雑となり，また，測定の有効性は必ずしも高いとはいえない。

　何故ならば，観光行動それ自体が，自由に選択できる"楽しみのための行動"なのであり，行動選択はプラスの値によってなされると考えるのが妥当なのである。

　一般に，「モチベーション（M）」の値は，対象とする行動を多くすると増大し，また，"魅力の度合い""達成見通しの程度"の評定段階区分を単純化することによっても増大する傾向がある。ただし，"合致"をどう判定するかにも関係している。

　測定値「V」は観光に対する"一般的願望・期待"であり，性・年齢をはじめ，興味・関心等によってかなり異なってくる。これに対して測定値「I」は，具体的な"観光地イメージ"であり，経験・知識等と関係しているが，各人にとっての"主観的事実"として，選択に影響を与えているのである。

　ここで紹介した方法およびその前提となっている方法論には，いくつかの問題点があることも事実である。とくに，「M」の算出に用いられている「積算法」の欠点としてあげられるのは，複数の項目（行動）のウェイトをすべて同等として扱っていることであり，行動ごとの"心理的強度"を測定しておいて，積算式に組み入れる方法を検討する必要がある。

しかし，この方法によって「観光者モチベーション」を測定することの大きな意味は，複雑な観光行動選択要因を，"1つの値"として把握することを可能とするという点にあり，他のさまざまな条件との関係を数量的に分析することに"道を開く"ことができる。

第8章 観光者心理と観光行動

1. 観光者心理の特徴

1) 基本的説明

観光者（ここでは、一時的に他の土地に赴いた人）にみられる心理的特徴は「緊張感」と「解放感」という相反する感覚が同時に高まることにある。

日常生活を離れて、よく知らない土地での生活は不安感を抱かせやすく、外部環境の変化にすぐに対応できるように、心身ともに"反応可能"の状態を維持しようとする。この状態であることの意識が「緊張感」であり、感受性を高めることに作用し情緒的反応も活発になる。出会ったものごとに対しての快・不快、好き・嫌いなどの印象は強くなり、平素とは違うものに興味を感じる傾向がみられ、とくに外見的な珍奇さに心をひかれやすい。

一方において、日常生活から離れることによって、生活にかかわるさまざまな煩わしさを一時的にせよ忘れることができるのであり、"気楽さ"を感じさせることになる。この状態であることの意識が「解放感」であり、人間を肉体的にも精神的にもくつろがせるのである（図8-1）。

図 8-1. 相反する感覚の同時の高まり

"楽しむことを目的とした旅行"であっても、肉体的疲労だけでなく精神的疲労を覚えることが多いのは緊張感が生じるためであり、なんらかの目的をもっての旅行の場合であっても、楽しさを伴うことがあるのはそこに解放感があるからである。このような相反する意識の組み合わせによって、観光者の心理は形成されているのである。

88　第 8 章　観光者心理と観光行動

2）観光行動の「類型」と"意識の組み合わせ"

　観光者は「緊張感」と「解放感」の両方の意識をもっているが，どのような観光行動であるかによって，それぞれ"組み合わせ"の度合いは異なっている。

　まず，個人での旅行か，団体の一員としての参加かという"行動形態"による影響がある。当然のことながら，「個人型」の場合は，すべてを自分自身で対応する必要があり，異なる環境での影響を直接身に受けることになるため，緊張も高くなる。その半面において，旅行での印象が強く，思い出となることも多いのが"ひとり旅"である。これに対して「団体型」では，"仲間"がいるために相互に緊張の高まりが軽減されやすく，解放感の方が強くなる傾向にある。見知らぬ外国を訪れたとしても，団体の場合には，自分の周囲には知人が，ツアーに個人的に参加したとしてもコトバの通じる人びとがいるのであり，その点では"安心感"があるのである。

　"旅行目的"に関して，何かを知る・学ぶことを主目的とする「教養型」と"気晴らし・楽しみ"を主目的としている「慰安型」とでは，心理状態は基本的に異なっており，一般に前者は緊張感が強く，後者は解放感がより強くなりやすい（図 8-2）。

　さらに，"組み合わせ"に影響を与えている条件として"行き先"がある。

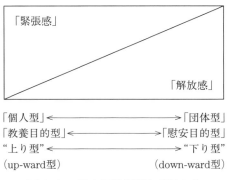

図 8-2．観光行動類型と"組み合わせ"の関係

1. 観光者心理の特徴

ここでいう行き先とは特定の地名や国名ではなく，それぞれの観光者からみて，"社会的・文化的に優れているところ（いわゆる先進地域・国）"であるか，"社会的・文化的に劣っているところ（いわゆる後進地域・国）"であるかという主観的な判断を意味している。一般に，前者に対しては，その土地・国の価値基準を尊重して，"恥をかかないこと"を意識し，慎重に行動する傾向があり，これを"行き先行動"としては「上り型（up-ward型）」と称する。

これに対し，後者の行き先の場合には，自分の考えに基づいて"やりたいようにやる"傾向があり，"恥の意識が薄い"ことも指摘され，"行き先類型"としては対比的に「下り型（down-ward型）」と称される。

このような考えかたや行動が，地域の特徴や文化の意味を理解しない誤ったものであることはいうまでもないが，実際には依然として多くみられることも否定しえないところである。

"組み合わせ"との関係としては，「上り型」は緊張感が強くなりやすく，「下り型」は解放感がより強くなる傾向にある。

観光行動「類型」からみると，一般に"解放感優位型"となりやすいのは，「楽しみを目的とした団体旅行」の場合であり，「学ぶことを目的とした個人旅行」の場合の"緊張感優位型"と対称的である。

3) 心理状態の時間的変化

緊張感と解放感の構成比率が一定であったとしても，その比率は旅行期間中を通して同様なのではなく，時間の経過によってかなり変化する。

一般に緊張感は，旅行の前半部分の方が強く，とくに10日以上にわたって継続する外国旅行においては，開始して間もない時点でピークに達する傾向があり，この時期に体調を崩すケースが多い。一方，解放感は，中・長期旅行では後半に急速に高まる傾向があり，この時期に"気のゆるみ"からくるトラブルが発生する場合がある。短期旅行では，旅行が始まった時から解放感のみが強くなる例もあり，団体旅行はとくにこの傾向にある。

2. 観光行動を成立させる条件の影響

1) "潜在的欲求"の顕在化

観光行動を成立させる基本的条件である「時間」「金銭」および「情報」のそれぞれが、平素は現れることの少ない"潜在的欲求"を顕在化させることによって、観光者心理に影響を与えている。

観光行動は、自由に使うことのできる"時間"、ある程度以上のまとまった"金銭"、行き先および旅行方法等に関する"情報"を同時にもつことによって成立するものであるが、これらの条件は、それぞれに、さまざまな欲求を刺激する力をもっている。

「自由に使える時間」をもった場合には、"気分の転換を図りたい""いつもとは違う役割を果たしてみたい（役割の転換）""行動範囲を広げてみたい（行動圏の拡大）"などの欲求が刺激され、「自由に使えるまとまった金銭」をもった場合は、"（客として）他人から大切に扱われたい（威信の拡大）""他の人と同じことがしてみたい（同調・模倣）"などが、「情報」をもつことによっては、"より多くのことを知りたい（好奇心）"などの欲求が刺激されやすいのである。

これらはいずれも人間にみられる欲求ではあるが、日常的にはさほど強く現れることの少ない"潜在的欲求"である。そして観光行動を成立させる条件は、同時にそれらの顕在化を刺激する力をもっているということなのである。

観光行動は、一時的に、非日常生活圏で行われる行動であるために、

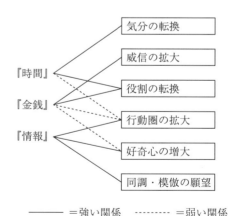

図 8-3. 観光行動成立の『条件』による「欲求」の顕在化

平素とはやや違った欲求も生じやすいのであり，観光者心理には，これらも影響を与えている（図8-3）。

2) 観光者の心理状態

観光者の心理状態は，緊張感と解放感との組み合わせによる基本的特徴と，顕在化された欲求（群）との関係によって形成される。

一般的に，「緊張感優位型」は，「情報」をもったことによって顕在化する欲求（群）を伴いやすく，"好奇心"や"同調・模倣願望"が強くなる傾向がある。これに対して，「解放感優位型」は，日常生活を一時的に離れることそのものと関係があるために，"離れるための条件"である「時間」「金銭」によって顕在化する欲求（群）を伴うことが多くなり，とくに，"気分の転換""威信の拡大""役割の転換"などにその傾向が強く現れやすい。

また，観光者は基本的に，"非日常的な一時的な状態"であるとの意識を共通してもっており，そのために，対象に対する評価基準や要求水準そのものも平素とは異なる場合がある。観賞対象について審美的観点よりも"訪れたという満足感"が重視されることが多く，飲食物等に関しては，味・価格の条件よりも"珍しさ"が評価のポイントとなる場合も少なくない。

さらに，購買行動に関しては，一般に「時間制限型購買行動」としての性格をもちやすく，事前に必要な情報をもっている場合を除くと，その場その場での非計画的購買（＝実物示唆型の衝動的購買）がなされやすく，それを可能とする金銭を所有している場合には，とくにその傾向がある。

観光者の購買行動には，「物理的財布」と対比される「心理的財布」による影響もある。ここでいう「心理的財布」とは，他との共通性があり，生活の中での連続性をもつ「物理的財布（＝一般的意味での財布の中身）」と違って，人と好みによって異なる金銭感覚によって主観的に構成された"購買に向けることのできる金銭"である。好きなものには沢山のお金を使っても，それは有効な購買であり，僅かな金銭でも好きでないものに使うのはムダであると感じるのは，支出が「心理的財布」によってなされていることを意味している。

観光行動においては、たまたまめぐりあった"購買の機会"と感じられることもあり、"よいか・わるいか""安いか・高いか"の判断より、"機会を生かすこと"が優先される場合があり、購買者には、購買したことそのものに対する安心と満足が感じられているのである。

「解放感優位型」との関連で述べたように、個人型ではない場合には、旅行に同行する人（びと）の影響もある。団体旅行とくに"顔見知りの仲間"が同行者で慰安を目的とした旅行においては、他の土地（国）を一時的に訪れているという意識から、旅行者→無名性（団体の中の一員）→無責任性へ結びつき、とくに集団心理が働くことによってその傾向がさらに強まり、いわゆる"旅の恥はかき捨て型"の行動となる場合もある。

（"旅の恥はかき捨て型行動"に関しては、"原因分析と対応課題"という観点からの説明が16章でなされている）。

3. 観光者心理と旅行の実際

1) "観光客"としての依存性

前に述べたように、本書では観光行動主体を「観光者」と記している。

実際には観光行動のほとんどが、なんらかの観光事業を利用することによって成立していることは確かであるが、（狭義の）観光事業の利用客とならなかったために"観光客"としてとらえられない行動があることもまた事実なのである。さらに、「観光モチベーション」など行動主体側の問題を分析するにあたっては、"結果としては観光客"であるとしても、独立した主体を意味するものとして"観光者"の概念を用いることがより適当なのである。

しかしながら、実際の観光行動における観光者心理を考察するにあたって、"観光者＝観光客"としてとらえる必要があることも否定できない。それは、現代社会における観光行動のほとんどの部分が、旅行業等とのかかわりによって成立しており、旅行業をはじめ旅行にかかわる関連諸事業の"利用客"となっているからに外ならない。観光者心理に「金銭」の条件が影響を与えるという

ことも，"購買力の一時的高まり"の影響と考えることができるのであり，観光者心理は観光客心理とほとんど同じ意味をもっていることになる。

客側は一般に，なんらかの"欲求"が充足されることを提供者側に期待するのであり，どこを利用するかを自由に選択でき，結果評価も各人の判断によって自由に行うことができる。しかし，客側が求めるのは"結果としての満足"であって，欲求充足の方法・手段については提供者側にまかせているのが普通である。それは，提供にかかわる手段や専門的な業務知識をもってはいないからである（もっている必要がないからこそ客なのである）。

その意味において，客は提供者への"依存性"を本質的にもっているのであり，客の提供者に対する"信頼""期待"などは，"依存性"のポジティブな表現なのである。

客が提供者に対して"依存する"ことは，消費者行動一般にみられるものであって，"役割による関係"として理解することができる。ここで問題としなければならないのは，"各人が自由に新しい経験を求める"観光行動における提供者に対する"依存性"が，観光者心理にどのような影響を及ぼすかということなのでり，これについて，「旅行商品」を例として考察してみよう。

2) 「旅行商品」の性格

低価格の「ツアー」が販売されるようになったことが，国内旅行はもとより外国旅行の大衆化に大きな役割を果たしたことはいうまでもない。

「ツアー（パッケージ・ツアー）」とは旅行業者による"主催旅行"の呼称であるが，一般に交通と宿泊とを中心とした"旅行のセット"であり，"購入する"ことによって誰でもが旅行に参加することができるという意味において，まさに"観光旅行大衆化時代"を象徴する旅行関連サービスの商品である。

「○○への×日間の旅」といった名称があり，価格が明示されており，誰でもが購入することができるといった点では，「商品」と称するに足る基本的条件をもっていることになるが，販売しているのは商品の"外側（旅程や利用施設条件）"の部分であって，"中身（旅行の快適さや楽しさ）"は販売することはでき

えない。それは，旅行の楽しさは，観光者と利用した施設やサービスとの相互作用によって決まると考える必要があるからであり，したがって商品の"質"もまた不安定な面をもっているのである。それは，サービスが生産即消費型のものであるとともに評価には個人差と状況差があり，その場その場のものであることと密接な関係がある。さらに，観光が"楽しみのための旅行"であることとも深くかかわっており，"楽しみ"は本質的に個人差の大きい不安定なものなのである。

したがって，旅行商品を企画・販売する側にまず求められることは，商品の"質の下限"を制度的に設定するとともに，それを維持する責任を果たすということなのである。

3）観光者保護の意味と役割

商品一般の購入者である消費者が保護されることとまったく同じ論理に基づいて「旅行商品」の購入者である観光者の保護が重要な課題となっている。

大衆消費社会の成立により，社会の構成員のすべては商品（含むサービス）を購入・利用することによって生活を維持する人という意味での消費者となったのである。公正な取り引きが成立するために不可欠なこととして消費者保護が制度化されてきたのと同様に，観光が大衆化したことに伴って観光者の保護が求められてきたのである。

観光者の保護とは，"観光者の権利"を守り，それが侵害されないようにすることであり，ケネディ・アメリカ大統領が1962年に提示した"4つの権利"に要約されている「消費者の権利」と基本的には同じものといえるが，とくに次の3つの権利が直接なかかわりをもっている。

① 「安全を求める権利」
② 「知らされる権利」
③ 「選択する権利」

この内の①については，観光旅行の不可欠な要素である交通・宿泊・飲食に直結しており，各交通機関をはじめ宿泊施設等の安全と衛生に対する管理は，

厳に継続してなされなければならないことはいうまでもない。

比較的新しい問題として，その重要性が高まっているのが②と③である。

「知らされる権利」とは，ごまかし情報や不当な表示から消費者（観光者）が守られることであり，「選択する権利」とは，数多くのものの中から納得いく形で比較・検討し，選択することができることであるが，これらはともに，「旅行商品」の登場と直接的な関係をもっている。

観光行動は一般的に，まだ知らない所へ出かけることであり，どのような機関・施設等を利用し，そこではどのようなサービスを受けることができるかについては，事前に情報を収集しなければ知ることが困難である。「旅行商品」に関しては，旅行業者などが作成した「パンフレット類」の情報によってのみ知ることができるのである。したがって，もしもそれらの情報が正確かつ適切でなかったならば，観光客は"誤った選択"をする危険性が生じるのである。

わが国において，旅行業者がこの問題に本格的に取り組みだしたのは1980年代中頃からであるが，監督官庁である公正取引委員会の勧告・指導も加わって近年急速に整備が図られてきており，大手旅行業者の募集パンフレット等における内容記載は，かつてとは比較にならないほどに"明確かつ具体的"なものとなってきている。

大手旅行業者は業界として，あるいは自社独自の基準を設定しており，パンフレットに掲載する情景写真については，「撮影した季節・時期を明示する」「いわゆるイメージ写真は原則として不可とし，とくに使用する際には"イメージ写真"と明記する」などを定めており，宿泊施設に関する写真に関しては「利用客から見えないアングルのものは不可」「（ツアー対象客が）使用しない客室の写真は不可」としている。

また，旅行条件の中でも重要な位置を占める宿泊施設に関しては，「食事の場所（客室内・食堂など）」「食事内容（和食・洋食等の種類，品数・皿数，中心となる料理は何かなど）」が記載されることが多くなっている。

さらに，「歯ブラシ」「カミソリ」等の"小物"が無料で提供されるか否か，

浴衣・タオル・手拭いの用意される"枚数",配布される新聞が有料か無料かまでが記載されている例も少なくないが,後の章で「サービス理論」に関して説明するように,これらは基本的に「あるか・ないか」に関する記載なのであり,「よいか・わるいか」とは異なる問題であって,利用客の"満足"にかかわるよりも"不満足"に直接に関係している。

しかしながら,従来「あるのかないのかが不明確」であった領域を整理し,その有無を明らかにしたことは,多くの人びとが"自由に選択できるようにする"ための情報提供であることは確かであり,観光者が必要とすることを正確に伝えるという意味では,観光旅行の大衆化時代にそった適当な措置であると評価することができる。

4) 観光者自身のかかわり

より本質的な問題は,これらの情報がいかに詳細になったとしても,それは前記したように"旅行の外側"に属する部分のものなのであり,旅行の楽しさという"中身"をいかにつくるかは観光者自身が"どうかかわるか"なのであることを忘れてはならない。

「"親切な添乗員がつく"といっていたが,自分にちっとも親切にしてくれなかった」という苦情が旅行会社に寄せられた例がある。一般に用いられているコトバではあるが,"親切な添乗員"はやや不適切な表示であることも事実である。しかし,それ以上に問題としなければならないのは,「親切」という人間行為をモノと同様に客観的に存在するものとしてとらえ,"(親切を)受ける心"との相互作用によって成り立つものであることを忘れているとすると,旅行に参加して"楽しい経験"を得ることは不可能であるという点なのである。

実際の旅行における観光者心理に深くかかわっているのは,"楽しむ主体は自分自身"という自覚の有無なのであり,それによって,緊張感も解放感もそれぞれ異なる役割を果たすと考えられるのである。

第9章 消費者行動とイメージ

1. イメージに関する基礎的考察

1)「イメージ」の概念

「イメージ (Image)」は多義的な概念であり，さまざまな領域で用いられているために共通性のある明確な定義はなされていないが，一般に「像・映像・心像」などの訳語があてられ，「人間の心の中に描かれる人や事物の感覚的映像を意味し，主として視覚的なものをいう」と説明されている。しかしまた，「想像力によって描いた姿」や「ある事象に対する総括的な印象」として説明される場合もあり，かなり幅広い意味と用法をもっている。

心理学の専門用語としての「イメージ」は，狭い限定された意味の場合と，より広い意味で用いられる場合とがある。前者は，実験心理学において古くから用いられてきたもので，「人間の感覚器官に刺激が与えられていないにもかかわらず，想起される直接的な像」を意味し，「心像」を訳語としており，対応する感覚の種類によって，視覚的心像，聴覚的心像などと称される場合もある。

これに対して後者は，「対象に対する感情を伴った主観的評価あるいは印象一般」を意味するものとして用いられているものである。このような理解のしかたは，心理学そのものが実験室的研究では把握しえない人間行動へと，対象・研究領域・方法を拡大していく過程において生まれてきたものであり，上記した「ある事象に対する総括的な印象」という説明は，心理学における広義の用法とほぼ同じである。

心理学の一分野あるいは隣接領域として位置づけられる臨床心理学・精神分析論においては，イメージはやや違った観点からとらえられることがあり，その意味するものもやや異なっている。その代表的見解は，"普遍的な無意識"の概念を唱えたユング (C. G. Jung) にみられ，外界への知覚と間接的なつながりし

かもたない，無意識的な空想の活動に基づいた"内的な現実"を意味するものとして，「イメージ」が用いられている。つまり，人間が外部刺激とは関係なしに心の中に描いているモノ・コトのことであり，臨床心理学・精神分析論では，精神に異常をもった患者の夢や絵（空想画）などを，無意識の世界にあるイメージが外在化したものとしてとらえ，その人の無意識の世界を理解するための手がかりとして重視する場合がある。

「イメージ」は，人間行動分析に関する心理学的用語としてではなく，より広く，人間の"想像力（Imagination）"と同じ意味をもつものとして用いられることもある。実存哲学者サルトル（J. P. Saretre）は，イメージを想像力あるいは想像的意識として解釈し，現実的諸条件によって規定され，自由さを失っている知覚と対比させ，自発性と自立性をもった"自由な意識"としている。このような考えかたは，それぞれニュアンスの違いはあるものの，芸術論におけるイメージに対する理解として共通性があり，人間の内部に描かれる像そしてそれを創造する自由な精神活動として位置づけられているのである。

2）人間と対象とをつなぐものとしてのイメージ

イメージをさらに広くとらえ，一般理論を展開したのがアメリカの経済学者ボールディング（K. E. Boulding）である。彼はイメージを"知識の主観的側面"あるいは"現実と信じられている主観的世界"を意味するものとし，人間の知識・感情・価値観などの主観的な内的世界のすべてを包含した概念として位置づけた。

ボールディングのイメージ論は，［情報（メッセージ）→イメージ→行動］という行動図式を前提とし，イメージは外界からインプットされる情報によって形成され，さらに行動はイメージによって影響されるという考えかたをとっている。彼は，広い意味でのコミュニケーション過程における"媒介的存在"をイメージという概念によって包括的にとらえているのであり，イメージ論としてだけではなく，一般的な"行動論"あるいは"情報論"としての性格を併せもったものとなっている。

人間の社会的行動に関する研究において，最も一般的なのは，「対象を認知する場合に"フィルター"として機能し，評価に影響を与えるもの」としてイメージを理解する考えかたであり，基本的に広義の心理学的説明と同様な意味であるといってよい。

　"フィルター"としての役割を果たすという点では「態度」に類似性をもつ概念であるが，態度が構造性をもった持続性のある"認知と評価の体制"とされるのに対して，イメージは評価に影響を与える"情緒性の強い対象認知の仕組み"として，区別することができる〈→3章〉。

　重要なのは，イメージがどのように形成されるのかという点である。ボールディングのイメージ論に示されているように，情報によってイメージがつくられることは確かであるとして，どの程度の量と質の情報がイメージ形成に関係しているかなのであり，それは，イメージがどのように変化するかに通じる問題なのである。

　イメージに対する社会的関心がどのようにして生じ，どのような点が明らかにされてきたかを概観することを通して，イメージの意味と役割とを考察してみよう。

2. イメージ把握の意味

1）イメージ把握に対する社会的関心

　何らかの方法によって，イメージを測定せんとする試みは，マーケティングの領域において始まっている。アメリカのマーケィング界では，1950年代に入ると消費者の購買活動を活発化させるための有効策をめぐって論議が行われ，購買動機を刺激するための新しい視点からの研究が強く要請されていた。この時代には，多数の新製品が登場し，消費者をとりかこむ市場環境は大きく変わり，そこでの消費者行動に対する疑問も多くなってきた。たとえば，商品の規格化や標準化はかつてとは比較できないほどに進み，実質的な差異は少なくなったにもかかわらず，消費者側はそれぞれの好みや銘柄による違いを主張し続

けるのは，何が理由となっているのかといった問題である。何が購買を決めさせているのか，何が選択の基準となっているのか，いかにすれば購買意欲一般を刺激することができるのか，これらを研究の課題として誕生したのが「モチベーション・リサーチ」である。

「モチベーション・リサーチ（購買動機調査）」は，顕在化した人間行動を直接の対象とするよりも，購買行動にかかわる心理的要因や潜在的欲求を分析することを目的としたものであって，臨床心理学や精神分析論で用いられている技法も応用され，購買にかかわる理由（何故？）を明らかにせんとした。

この一連の研究の過程において注目されたのが，イメージであり，とくにその影響力の大きさであった。ここでいうイメージとは，対象（製品・銘柄・店舗等）に対して個々人が抱いている"感じ"に外ならないが，行動への影響力がかなりあること，さらに，その"感じ"が妥当であるか否かにかかわらずかなり強固であることなどが明らかになった。

イメージの影響が最も明確に認められたのは，商品の包装（パッケージ）とくにその色彩に関してであった。たとえば内容が同一であっても，異なる色彩の包装にすることによって売れ方が違うだけではなく，内容に対する評価も異なってくるのであり，その典型的なものとして，濃い黄色の包装のマーガリンよりも，薄い色の包装のものの方が「味がさっぱりしている」と評されることがあげられた。このことは現在でも一般に認められている傾向である。

このようなイメージが，ある程度まで消費者に共通しており，かなり変化しにくいものであるとするならば，商品・銘柄・店舗等が消費者から支持を得るためには，さまざまな対象についての人びとのイメージをまず把握して，それにマッチした商品づくりや販売方法を考案することが重要となるであろう。さらに，人びとのイメージを変えさせるためには，どのような情報や学習（経験）を与える必要があるかを検討しなければならないことになる。

このような考えかたに基づいて行われた古典的研究のひとつに「コーヒー」のイメージ分析がある。これは，「コーヒー」が人間生活においてどのような役

割を果たし，何をシンボライズしているかを，詳細な面接（深層面接法と称される技法）によって明らかにせんとしたものであった。その結果，（アメリカ人にとっての）コーヒーは，「親しみと暖か」「成人のくつろぎ」を象徴しており，コーヒーを飲むという行為は「味や風味を識別するセンス」に関係していることが認められたのである。

また，「言語連想法（提示された刺激語に対してどのようなコトバが想像されたかを分析する方法）」を用いて，自動車の銘柄イメージを分析せんとした調査もあり，「キャディラック」に対しては，誇り・豪華・高所得者・責任ある地位などが，それに対して「フォード」にはスピード感・青年・実用性といったコトバが，それぞれ結びついていることも指摘された。

これらはいずれも，消費者が数多くの商品・銘柄の中から自由に選択することのできる社会，すなわち「大衆消費社会」の成立と密接なかかわりをもつ問題なのであり，"選択"においてイメージが大きな役割を果たしているという認識が，イメージ把握に対する関心を高めたのである。

わが国においても，「消費革命」が進行した1960年代後半以降，「商品イメージ」に対する関心が強まり，さまざまな形でのイメージ測定がなされるようになった。

2) 情報化社会とイメージ

マーケティングの領域で始まったイメージ把握は，他の領域でも次第に関心を集めるようになった。それは基本的に，情報の伝達と受容とによって人びとがつながりを保っている「情報化社会」の成立と密接な関係があり，さまざまな対象（人や事物）を知る手がかりとして「イメージ」の重要性が高まってきたことを意味している。

わが国では，「商品イメージ」から「企業イメージ」「地域イメージ」へと関心領域は広がりを示した。「企業イメージ」に対する関心の高まりは，人びとから"理解され，よい印象をもたられること"が企業活動を展開するために，とくに，よい人材を採用するために大切であるとの認識がなされるようになった

結果である。また，社会から"理解と共感"が得られる企業イメージをつくりあげようとする総合的イメージ構築活動として「CI（コーポレイト・アイディンティティ）」が注目されていることは，"よいイメージづくり"がもはや狭い意味のマーケィング活動領域だけの問題ではなくなっていることを示している。「地域イメージ」は，観光地としての振興と密接な関係をもつ問題であり，次章で改めて取り扱うこととする。

対象を認知する際の"フィルター"としてのイメージに対する関心の高まりは，一方では，中身よりもまず"よいイメージ"をつくることのみを重視するという考えを生むことにもつながっている。

その典型的な例が一時ブームとなった"イメージ選挙"である。さまざまなメディアを通して伝えられる情報が多すぎることも関係して，中身（人物・政見等）の部分についての理解が稀薄になる傾向があり，選挙民が抱いた"清潔そう""行動力がありそう"などの"感じ"が選択に影響を与える度合いが高まりやすくなる。そして，候補者側の努力はもっぱら"よいイメージ"をつくることに向けられ，イメージにかかわると思われるキャッチフレーズやシンボルづくりに多大の関心が払われるのである。

しかし，いかに"感じ"がよいとしても，中身が伴っていなければ，継続的に支持されえないことは当然なのであり，"長期的にみれば"イメージですべてが決定されるわけではないことも明らかなのである。このことは，「イメージは行動を規定する力をもつ」こととなんら矛盾するものではなく，イメージのもつ機能の一端をそれぞれ示しているのである。

3．イメージの測定

1）測定方法の一般分類

イメージの測定にはさまざまな方法が用いられているが，ひとつの定まった測定形式によるものという意味での「定型的方法」と，他の領域で用いられている種々の方法を事柄に合わせて採用している「非定型的方法」とに大別する

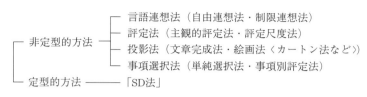

図 9-1. イメージ測定の方法分類

ことができる（図 9-1）。

　定型的方法として広く用いられているのは，「SD(セマンティック・ディファレンシャル)法」であり，この方法が開発されたことによって，前に述べた「商品イメージ」測定などは活発に行われるようになったのである。

　「SD 法」は，アメリカの心理学者オスグッド（C. Osgood）が，「言葉」のもつ情緒的な意味を客観的に分析するために考案したもので，「良い－悪い」「明るい－暗い」などの形容詞対によって構成された尺度によって評定を求めるものである。「商品イメージ」をはじめ観光の領域においても多用されており，具体的な例は次章で紹介されている。

　「連想法」は，先に紹介したように，刺激語に対してどのような「コトバ」を想像（連想）したかを分析するもので，連想されたコトバを自由にあげさせる方法（自由連想法）と，連想するコトバの範囲や数などを制限する方法（制限連想法）とがある。連想された「反応語」の分類方法はさまざまであるが，刺激語が示している"対象"の意味・内容が理解されて反応がなされたと考えられる"対象連合"と，刺激語を"ひとつのコトバ"としてとらえての反応である"言語反応"とに分けて把握するのが基本である。このことは，意味のわからないコトバでも，なんらかの連想がなされるのであり，反応としてのコトバをイメージと考えるならば，よく知らないモノ・コトに対してもイメージをもちうることを意味しているのである。したがって，意味を理解したうえでの連想と，そうではない連想とは区別する必要があり，とくに，観光に関するイメージの把握では注意を要する問題である。

　「評定法」は，学業成績や人事考課などで広く用いられている方法であり，「よ

い・普通・わるい」などの任意の区分にあてはめる方法（主観的評定法）と，5（最高）から1（最低）までの5段階（3または7段階の場合もある）から構成されている尺度によって評定する方法（評定尺度法）に大別される。

「投影法」は，元来は臨床心理学・精神分析論の領域で用いられる方法であって，対象に対して"心の中に抱いている感じ"を，文章や絵画に表現させる（投影させる）方法であり，数量的な意味での測定としではなく，個々人としての質的な分析に用いられている。

「事項選択法」は，あらかじめ用意された「事項（あるいは形容句）」の中から対象に対する"感じ"としてあてはまるものを選択してもらう方法であり，あげてもらう数に制限のない場合と制限を設ける場合とがある（図9-2）。

「次のことばのうち，あなたが"長野県のイメージ"として，ぴったりとすると思われるのはどれですか。いくつでも結構ですからお答えください。」

1. 温泉		7. 川		13. 精密機械		19. 善光寺
2. 高原		8. 雪		14. 歴史		20. 川中島
3. 山		9. 花		15. 小林一茶		古戦場
4. 湖		10. 紅葉		16. 島崎藤村		21. その他
5. 地方都市		11. 涼しさ		17. そば		〈自由記述〉
6. 田舎		12. 教育		18. りんご		

図 9-2．『事項選択法』による測定の例（長野県商工部〈1976年〉）

事項別評定法とは，用意されている各事項について，さらにあてはまる度合いを評定させるものである。

一般に，非定型的方法は，それぞれイメージ測定を行う対象や課題に応じ，複数の方法を組み合わせて用いられている。

2) **イメージ測定の問題点**

「SD法」は，原理的には「言語連想法」と「評定尺度法」とが結合されたもので，複数の形容詞対をあらかじめ選択し，ある対象についての"感じ"を各形容詞対ごとに評定するという方法である。この方法は，イメージのさまざま

な側面を一つの共通する測度（メジャー）で測定するという点では優れている。

しかし，この方法によるイメージ測定は，きわめて一般的な，場合によっては漠然とした感じを無理に量的に把握することにもなりうるのであり，対象となる事柄についての知識等による影響を考慮して適用する必要がある。

「事項選択法」は，"知名度"を把握するといった一般的レベルから，かなり具体的なイメージ把握の段階にまで適用しうる方法であり，「SD法」とともに多用されている。しかし，この方法の場合には，どのような事項・形容句を設定するかが同時に"イメージの次元"を規定してしまうのであり，さらに，選択させる個数によっても"把握されたイメージ"そのものが異なってくることに留意しなければならない。

一般にイメージの測定にあたっては，次の諸点を明確化する必要がある。

① 把握するイメージのレベル

一般的な"感じ"をとらえるのか，ある程度の理解を前提としたうえで"感情的評価"をとらえるのか。

② イメージ分析の観点

対象についてのイメージの構造を分析するのか，"他との比較"に重点があるのか。

③ イメージ測定の意図

評価の現状分析が中心なのか，どのようにイメージづくりを図るのかといった"イメージ戦略"の一環としての測定なのか。

さらに，イメージは，測定の対象・時期によっても影響をうける。イメージの測定は，対象に対するイメージ研究のための手段なのであり，測定された結果は用いられた方法によって規定されていることを理解する必要がある。

4．「イメージ」の基本的性格

イメージはさまざまな観点から研究されており，それぞれ異なる角度からの「イメージ論」が存在しているが，ある対象の認知と評価とに影響をあたえる"フ

ィルター"であるとする一般的理解の観点にたつと，イメージの基本的性格を以下のように整理することができる。

① イメージの「個別性」

　イメージは，各個人の内的精神作用の産物であるので，基本的に個人差があり独自性をもっていること。

② イメージの「情緒性」

　イメージは，人間や事物などに対する抱いている情緒性を伴った主観的評価であり，（好き・嫌いなどの）感情を伴う"感じ"であること。

③ イメージの「複合性」

　イメージは，対象そのものだけではなく，対象を示すコトバやシンボルなどによって想起される観念や事物の総体であること（イメージは，色彩・動植物をはじめさまざまなモノ・コトを媒介として把握しうること）。

④ イメージの「行動規定性」

　イメージは，行動を（ある程度）規定する役割を果たし，とくに情報を受け入れる場合に"フィルター"としての機能を発揮すること（よいイメージを抱いている対象には"接近"しようとし，自分が好ましいと感じていることを支持する情報には関心が高いことなど）。

⑤ イメージの「共通性」

　上記①にかかわらず，イメージは対象となるものの特性，あるいはそれに関する「情報」によって規定される度合いが高く，ある時代のある社会のメンバー間では共通性がかなりありうること。

⑥ イメージの「可変性」

　イメージは，「情報」によって，また「学習（経験）」によって変化すももものであること。

第10章　観光行動とイメージ

1.「観光」「リゾート」等に対するイメージ

　まず,「観光」や「リゾート」などについて, どのような内容を思い浮かべるかという意味でのイメージ把握がある。これらは,「観光」や「リゾート」という言葉が一般にどのように理解されているかの一端を示している。いうまでもなく, ここでの"理解"とは各人の"感じ"であるが, 言葉の意味・用法とは別途に存在しており, まさに"知識の主観的側面"としてのイメージなのである。そしてまた, 人びとの日常的な用語法を示しているのであり, 観光等に関する意見を把握する場合の前提としても, その理解が必要とされる。

1)「観光旅行」の条件

　かなり古い研究であるが,「観光旅行」と称されるための"条件"に関して著者が行った調査がある（「観光に関するイメージの分析」1971年）。

　この調査は,「○○一周の旅行団に参加する」「家族で温泉地に出かける」などのやや具体的な旅行形態を15種類提示し, その中から「観光旅行」とよぶのにふさわしいもの（ふさわしいと思うもの）を選択してもらう形式で行ったもので, 首都圏居住の成人約500名を対象としていた。

　調査の結果,「観光旅行」として広く一般に共通して認識されていたのは,「外国への楽しみのための旅行」「各地を回る団体旅行」「専用バスを利用した観賞旅行」「地方の行事の見物旅行」の4つの旅行形態であって, "費用をかけた見物・回遊旅行"との結びつきが強いことが示されていた。

　これらの旅行形態以外にも「人工的な娯楽施設の見物や利用」「商業的施設の利用による休養・慰安」「自然や史跡等との接触」など, かなり共通して理解されているものもあるが, これらは上記した旅行形態ほどの一般性はなく, "観光旅行の範囲"に関する認識にはかなり個人差があることが認められた。

このことは，観光が本質的にもっている多様性と関係しており，狭い意味での「観光旅行」に加えて，さまざまな旅行形態を総称するものとして「観光」が認識されうる可能性を示唆しているものと考えられる。

2)「リゾート」に関するイメージ

全国各地にリゾートを整備することを目的とした「総合保養地域整備法」が1987年制定されたことを直接のきっかけとして，わが国においてもリゾートに対する関心が急速に高まった。

リゾートは，「滞在し，保養や休暇を楽しむための娯楽・レクリエーション施設を備えた場所（総合保養地域整備法での説明）」とされるように"場所"として説明されるのが一般的であるが，観光行動における"基本的志向性"に関する区分での「サンラスト型」に対応するものであり，行動・期間・場所等の各面を合わせて理解する必要がある〈→6章〉。

日本観光協会が行った調査（「日本人のリゾートイメージ」1988年実施，全国の15歳以上の男女対象，回答者約2,500名）によると，"リゾート・ライフ"と考えられる滞在期間は，「5日以下」が48％，「1週間程度」が30％を占め，「2週間以上」は8％弱で，全体的に"短期イメージ"であることが示されており，この傾向は若年層においても同様に認められる。

目的（リゾートをイメージする旅先での行動）については，年代によってかなり異なっており，若年層ほど「スポーツ」が想定されているのに対して，中高年層では「温泉」がより多くあげられている。また，場所（リゾートをイメージする観光地や施設等）に対する回答はかなり共通性が高く，「軽井沢」が第1位を占め，次いで「沖縄」「箱根」「伊豆」が上位にあげられている。具体的施設名として「東京ディズニーランド」が全体の約8％からあげられており（複数回答形式），15～17歳の最も若い対象層では男女それぞれ約30％があげている。

この調査は，「リゾート」が"話題"になりだした時期に実施されたものであり，リゾート・ライフの一般化に伴ってイメージもまた変化するものと考えら

2. 観光事業および観光の各構成要素に関するイメージ

れるが，それぞれの時代におけるイメージを把握することはリゾートそのものの変遷過程を考察するうえでも有効な資料であるといえる。

1)「旅行業」に対するイメージ

これは，観光事業の中で重要な位置を占めている旅行業一般に対するイメージを分析せんとするものであり，個々の旅行会社についてのイメージは，後でふれる個別企業・事業所等の問題に含まれる。

ドイツ旅行業協会は，心理学者ら専門家の協力を得て，一般市民を対象として「旅行業のイメージ研究（1969年）」を実施した。その結果，旅行業は自分たち（一般市民）からは"遠い距離にいる中立的存在"と感じられていることが認められた。つまり，必要が生じた時に何かを頼めば，それをビジネスとしてやってくれるところ，という"機能性中心のイメージ"が強いことが示されたのであり，同時に，旅行業者は独自性に欠ける（どこも似たりよったり）というイメージにつながっていることも認められた。

1970年代終わりに著者が行った同様な研究によると，わが国においても，旅行業に対して"機能性中心のイメージ"をもっているものほど，旅行業に対する評価が低く，実際の利用も少ない傾向にあることが認められた。これは，乗車券や宿泊関係の手配・予約等の"基本的機能"が，各種予約センターの設置や電話回線を利用したシステムの急速な発達によって"分散"されつつあることと関係しているものと考えられた。旅行業に対するイメージに関連して，役割の変化とサービスの性格について，後の章でやや異なる観点から考察を加えている〈→ 14章〉。

2)「民宿」に対するイメージ

宿泊業を構成している業態および施設形態としての「ホテル」「ビジネスホテル」「旅館」「ペンション」等について，一般的イメージを把握する試みがなされている。

「民宿」に対しては，「家族的雰囲気」「安い宿泊施設」および「ふるさと・田舎」などのイメージ要素があり，一般に年配層は「家族的雰囲気」への，若年層ほど「安い宿泊施設」への結びつきが強くなる傾向が認められている。

3）「パンフレット」についてのイメージ

観光は，事前に"手にとって"評価することは不可能であり，行き先地や宿泊施設等を表示した「パンフレット」等は，選択に影響を与える重要な素材である。とくに「旅行商品」は「パンフレット」を介して販売・購買されているといってよいものであり，それだけに"表示の適正さ"が求められているのである〈→8章〉。

ここで取りあげる「パンフレット」とは，「旅行商品」等の商品説明に関するものではなく，政府機関・地方自治体および地方観光協会等が編集・配布している"案内資料""案内マップ"などを総称したものである。

著者が行ってきた各種の調査結果を総合すると，観光地に関するパンフレット類は基本的に，"美しさ・楽しさ"を表現することによって，その国・地域への来訪を動機づける機能と，"便利さ・正確さ"をもつことによって，その国・地方での旅行を容易にさせる機能とを併せもっていることが認められる。そして，前者（＝興味づけ機能）と後者（＝有用性機能）とのどちらにウェートがおかれているかによって，それぞれパンフレットの性格と役割が異なっている。"よいイメージづくり"に直接かかわっているのは前者の機能であり，旅行をしていない時点においての評価の高いのは，"美しさ・楽しさ"が表現されているパンフレットである。しかしながら，旅行経験者から評価の対象となりやすいのは後者の機能であり，"実際に役立つ"ことが重要なのである。

一般的に，観光地に関するパンフレット類は，興味づけ機能に重点をおいた"発地型情報"と，有用性機能に重点をおいた"着地型情報"とに区分して編集・作成されることが望ましいのであり，両機能を1つに併せもたそうとすると，ブックレット型になってしまい，実際には利用しにくかったり，限られたスペースのために散漫な内容となってしまうことが多い。重要なのは，各パンフレ

ット間の関連性を点検することであり，期待したイメージと実際とのギャップを生じさせない措置が必要である。

4) **個別企業に対するイメージ**

個々の企業に対するイメージ把握を総称したものであり，個別企業が利用者等を対象として実施する場合の他に，ホテル・旅行業者・交通関連事業の大手企業に関しては，知名度やイメージ調査として，外部機関によって実施されることもある。測定方法としては，「SD法」「事項選択法」および「評定法」が用いられることが多い。

3. 観光地に対するイメージ

国・地域のレベルを含む観光地に対するイメージの把握は，さまざまな形でなされている。内容的には，対象となる国や観光地等に対する一般的な感じ・期待などのレベルを把握したもの，実際の旅行体験をふまえた印象や評価として把握したもの，両者を併せた形で"事前と事後"を把握したものなどに区分することができる。また，イメージと知識・関心との関連性を分析を試みる研究などがある。ここでは，それぞれについての研究例を紹介する。

1) **「国・地域」「都道府県」等についてのイメージ**

国・地域や都道府県・地方等のイメージについては，前章であげた長野県の例のように「事項選択法」などを用いた直接的な測定の他に，結びつく色彩，連想される代表的な人物や動物等を尋ねる形式のものもあり，また，国民性や県民性として把握される場合もある。

著者が行った調査（「観光における知識とイメージに関する研究」1985年実施）によると，中国（中華人民共和国）と結びついている色彩は，「赤」「茶」「黄」の順であり，これらの3色で全体の63%を占めている。これに対してオーストラリアの場合は，「緑」が最も多く，次いで「青」であり，この2色で全体の76%を占めている。中国の場合は，国旗の色および国土を象徴している色彩（多くの地図での表示色）が関係していると考えられ，オーストラリアについては，

"広々とした自然"のイメージが影響していると考えられる。

表 10-1. "観光地"としての都道府県イメージの構造〈「観光資源の魅力」が高いとされた上位10県について〉

[①〜⑩・( )＝順位〈同順位を含む〉]

	都道府県	近畿圏順位	『人情味』	『行事性』	『近親感』	『再訪希望』
首都圏居住者	①北海道	◎ (1)	◎ (5)	◎ (5)	◎ (2)	◎ (1)
	②長 野	◎ (3)	○ (10)	△ (20)	○ (6)	◎ (5)
	③静 岡	○ (7)	△ (14)	△ (19)	◎ (3)	○ (6)
	④青 森	○ (8)	◎ (1)	○ (7)	△ (16)	○ (9)
	⑤福 島	△ (21)	○ (8)	△ (17)	○ (8)	△ (23)
	⑥新 潟	▲ (25)	◎ (3)	△ (23)	○ (10)	○ (8)
	⑦宮 崎	○ (6)	▲ (32)	▲ (32)	▲ (27)	△ (11)
	⑧群 馬	▲ (34)	△ (15)	▲ (36)	△ (22)	▲ (29)
	⑨山 梨	▲ (32)	▲ (35)	▲ (32)	△ (23)	△ (21)
	⑩石 川	◎ (4)	△ (13)	▲ (30)	▲ (29)	○ (10)

	都道府県	首都圏順位	『人情味』	『行事性』	『近親感』	『再訪希望』
近畿圏居住者	①北海道	◎ (1)	△ (11)	○ (7)	◎ (4)	◎ (1)
	②和歌山	△ (24)	△ (16)	▲ (27)	○ (6)	○ (8)
	③長 野	◎ (2)	△ (10)	△ (17)	○ (7)	◎ (5)
	④石 川	○ (10)	○ (9)	△ (24)	▲ (31)	△ (12)
	⑤鳥 取	▲ (27)	△ (15)	× (44)	△ (24)	△ (13)
	⑥宮 崎	○ (7)	▲ (31)	▲ (30)	△ (21)	△ (15)
	⑦静 岡	◎ (3)	× (40)	▲ (33)	△ (21)	△ (10)
	⑧青 森	◎ (4)	◎ (1)	△ (12)	△ (11)	△ (10)
	⑨大 分	△ (12)	▲ (34)	▲ (33)	× (39)	▲ (29)
	⑩鹿児島	△ (14)	△ (12)	△ (15)	○ (7)	○ (8)

(注) 1. 各項目は次の質問に対する回答を示す.
　　　　『観光資源の魅力』……「自然の景観や温泉に恵まれている」
　　　　『人情味』……………「あたたかい人情に触れられる」
　　　　『行事性』……………「話題性がある催しや行事が多い」
　　　　『近親感』……………「親しみが持てる」
　　　　『再訪希望』…………「(また) 行ってみたい」
　　2. 各符号は順位クラスを示す.
　　　　◎＝1〜5, ○＝6〜10, △＝11〜24, ▲＝25〜37, ×＝38〜47
(日本経済新聞社グループによる「都道府県・観光地イメージ調査 (1987年実施)」に基づいて作成したもの)

3. 観光地に対するイメージ　　113

　観光と関連させた内容で, 都道府県に対するイメージ把握の例として, 日本経済新聞社グループによる調査がある。この調査は,「PR・宣伝に熱心」「新しい物産をよく見かける」などさまざまな項目を用意し, 各都道府県にあてはまるか否かについて評定を求めたものであり, そのうちから, 観光に直接関係すると考えられる項目についてまとめてみた（表10-1）。

　これによると, 首都圏・近畿圏居住者の双方から, 観光地としての要素が多いと感じられているのは北海道であり, 長野・石川・静岡・青森・宮崎の各県がこれに続いている。地域によって評価がやや異なる都道府県も多く, 首都圏では近接する新潟・群馬・山梨が, 近畿圏では和歌山・鳥取が上位にあげられており, 知名度・行きやすさの影響が認められる。

2）　"立場の違い"による"比較"

　これは, 国・地域のレベルを含む観光地に対するイメージを, 住んでいる人と住んでいない人（地域住民と非住民）, 自国民と他国民, あるいは観光客を送る側と受ける側とではどのように異なるかを把握するために行われるものであり, 観光振興を図るうえで大きな意味をもっている。それは, 対人関係において, "自分が考えている自分"と"他者が受けとめている自分"との一致・不一致を理解することが重要であるのとまったく同じことなのであり, 受入れ側が観光地としての魅力であると考えている事柄が, "外部の人びと"からどのようにみられているかを把握し, そのギャップをいかにうめるかを講じることが求められるのである。

　前章で「事項選択法」の例として紹介した「長野県に対するイメージ調査」では, 全国調査とともに同一項目を用いた県民調査が実施されており, イメージの差異が検討されている。結果によると, 県民が"長野県にあてはまる"として上位を占めた項目は,「山」「善光寺」「高原」「りんご」「そば」「温泉」「紅葉」などであり, さらに「島崎藤村」「教育」なども比較的上位にあげられていた。これに対し, 県外者（全国調査）から多くあげられた項目は,「善光寺」「りんご」「高原」などであり, 県民のかなり多様性のあるイメージに比べると"単

純"であることが示されていた。

　同一の調査形式によって，相互に"相手国イメージ"を測定し比較する場合があり，国際観光往来を通しての国際的な相互理解を図るうえでの資料として利用することができる。

　ここに紹介する調査結果は，日本と韓国の大学生について，「SD 法」によって測定された"相手国イメージ"である。日本の調査は 1985 年 10 月に東京・名古屋・札幌の大学生約 500 名を，韓国の調査は 1986 年 12 月にソウル他 2 都市の大学生約 500 名を，それぞれ対象として実施したものである。両調査とも，後に紹介する"知識とイメージの関係"等を分析するための質問項目を併せて実施している。"平均プロフィール"は図の通りである（図 10-1）。

　図から認められるように，日本人学生の「韓国イメージ」はあまり明瞭ではなく，多くの項目（形容詞対）において平均値が"どちらともいえない"に位置する傾向がある。これに対して，韓国人学生の「日本イメージ」は，いくつかの形容詞（にぎやか，つめたい，退廃的な，変化に富んでいる，など）との結びつきが強くなっている。ただし，この調査が実施されたのは前記したようにかなり以前であり，その後，両国は直接の観光往来を含めた交流が活発になされてきており，大学生の"相手国イメージ"もかなり変化しているものと考えられる。

　観光客を送る側と受ける側とを比較した調査例として，かつて近畿日本鉄道が"伊勢志摩の魅力"について実施したものを紹介してみよう。この調査は，1978 から 79 年にかけて行われた「伊勢志摩観光レクリエーションの現状と開発整備の基本方向に関する調査」と題する総合調査の一部である。

　"伊勢志摩の魅力"に関する調査は，観光客（ここでは近鉄特急利用客）と当該地区の旅館経営者および大手旅行会社の 3 者を対象として，同一の質問・回答形式で実施されているという点に特徴がある。つまり，観光者と受入れ側としての旅館に加えて，両者の中間に位置し，媒介機能を発揮しているエージェントの考え（イメージ）を併せて把握しているのである。

3. 観光地に対するイメージ　115

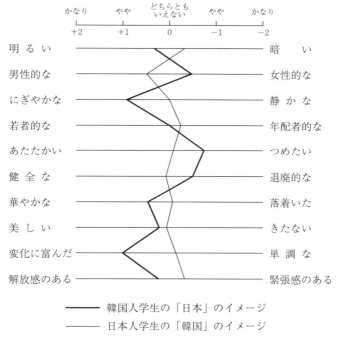

図 10-1. 日・韓両国学生の"相手国イメージ"の比較

　結果によると，観光客側は「新鮮な海の幸」が断然多く，次いで「交通の便利さ」「伊勢神宮」などがあげられていた。旅行業者側はこれらに加えて「宿泊施設が整っていること」「観光施設が整っていること」を上位にあげていたが，これに対して，旅館側は「新鮮な海の幸」「伊勢神宮」「交通の便利さ」とともに「素朴な人情」「心のこもったサービス」などを上位にあげていた。

　この結果は，受入れ側は観光客に対する"もてなし"にかかわるソフト部分に特徴があると考えているのに対して，旅行業者側は"施設面"のハードを評価しており，魅力に対する認識に若干のギャップがあることを示している。

3）「事前（期待）」と「事後（実際）」との"比較"

　このタイプは，旅行前に抱いていたイメージ（あるいは期待）と，旅行後の実際の印象・評価とを比較するものであり，「事前事後法」あるいは「B-A法

116　第10章　観光行動とイメージ

(Before and After Method)」という。この方法は"イメージ・ギャップ"を把握する方法として有効性が高いが，同一の対象（あるいは対象者群）について，前後2回の調査が不可欠であるために実施は制限される。便法として，事後に「期待した通りでしたか？」という質問を行う方法があるが，結果の信頼性は当然低いものとならざるをえない。

「事前事後法」によるイメージ変化の把握例として，まず，前記した「伊勢志摩に関する調査」の一部分として行われた結果を紹介しよう。

これは，特急列車利用客と宿泊客とをそれぞれ対象として実施されており，同一対象群ではないが，"出かける人びと"と"帰る人びと"のイメージを同一の質問項目によって把握したものである（表10-2）。

結果をみると，訪れる前のイメージは「真珠のふるさと」「新鮮な海の幸」および「青い海」に集約されているが，旅行後には上位2項目ともに後退しており，とくに「真珠のふるさと」に関しては顕著である。一方において，事前にはあまりなかった「緑豊かな山々」「素朴な人情」などが，実際の体験を通して

表10-2．「事前事後法」によるイメージ変化の把握（1）
　　　　—伊勢志摩について—

(%)

項目（1つ選択）	(A) 旅行前	(B) 旅行後	(B)−(A) 差　異
真珠と海女，あご湾の真珠いかだ	33.4	13.3	−20.1
新鮮な海の幸	25.0	23.2	− 1.8
青い海	17.6	17.9	0.3
伊勢神宮，夫婦岩	10.5	5.6	− 4.9
リアス式海岸	4.9	7.9	3.0
素朴な人情	2.2	9.9	7.7
ロマンチックな灯台と漁村	1.4	4.6	3.2
緑豊かな山々	0.9	9.2	8.3

（「伊勢志摩観光レクリエーションの現状と開発整備の基本方向に関する調査」に基づいて作成したもの）

浮上してきている。なお，この内の「素朴な人情」は，先に記したように旅館経営者側が"魅力"としてあげていたものである。

次に，完全な同一対象群について事前事後に実施した例として，中国に関するイメージ変化を紹介しよう。これは，往復の航空機内で，同一の調査項目によって行われ，方法としては事項選択法が用いられている。

結果は，さまざまな"情報"を手がかりとして，事前にもっていた漠然としたイメージと，実際の旅行体験を通して感じられた"印象"との違いを示している。「自転車利用者が多い」に関しては，"実施は予想を上回っていた"と感じられ，一方，「街の清潔さ」「人びとの勤労態度」などは，"実際は予想を下回っていた"と感じられている（表10-3）。

このような方法以外にも，イメージの変化を把握する方法があり，その1例として，事前と事後に「思い浮かべる言葉」を自由に記述してもらい，そこに

表 10-3.「事前事後法」によるイメージ変化の把握（2）
―中国について―

(％)

項目(複数選択)	(A)旅行前	(B)旅行後	(B)−(A)差異
自転車を利用している人が多い	69	83	14
人びとの衣服が質素である	57	58	1
親しみを覚える	52	46	− 6
一般に物価が安い	33	44	11
街が清潔である	24	8	−16
国民の表情が明るい	22	24	2
人びとが熱心に勤労に励んでいる	20	8	−12
国民が日本人旅行者に親切である	18	22	4
大きなアパートや団地が沢山ある	18	24	6
国民の生活に活気があふれている	10	3	− 7

（前田研究室による「中国に対するイメージと評価に関する調査―宮崎県農協青年訪中団について―（1985年実施）」より作成したもの）

118　第10章　観光行動とイメージ

示された言葉を手がかりとして，イメージの変化を分析することができる。これは「言語連想法」の応用であるが，一般に事前の表現は抽象的であるのに対して，事後の表現は，実際に訪れた場所や観光対象等に関する言葉が増加し，具体的な感覚表現が増加する傾向がある。

観光においては，「期待したより（思いがけず）よかった」というプラスの次元のものと「期待・予想よりよくなかった（期待はずれ）」というマイナスの次元のものとの2種類の"イメージ・ギャップ"が存在している。前者は，一般にはアッピールあるいはプロモーション不足とされる場合もあるが，観光に関しては，実際に訪れた人に対して"満足"を与えたという意味において，将来の発展につながる"好ましいギャップ"と考えることができる。これに対して後者は，いわゆる"羊頭狗肉"の状態と受けとめられたことを意味しており，"悪い評判"につながる危険性があり，"是正すべきギャップ"なのである。そのためにも，観光地に関するイメージの把握がまず必要なのである。

4．「知識」等との関連性の分析

イメージが広い意味の"情報"によって形成されることはすでに述べた通りであるが，どのよう情報が，どのような形で影響するのかについては明らかにされているとはいえない。

観光におけるイメージに関する著者の研究によると，① 実際の観光体験をもっているか否かによって対象評価の基準がかなり異なること，② 体験の有無によるイメージの違いが顕著なのは一般に"対人的印象"であること，③ 観光の行き先地に対する「理解度」と「魅力度」との間には関係がないのに対して，「好嫌度」と「魅力度」とには"正の関係"があること，などが認められている。つまり，観光地の選定においては，"漠とした好嫌の感情"が及ぼす影響がかなりあると考えられるのである。

ここでは，1985年に行った研究[*]から，観光におけるイメージについて，「知

（*）　対象者等は，図10-1で結果の一部を示した調査と同じである。

識」「(その国への)旅行の意向」との関係を考察してみよう。

1) 「知識」とイメージの関係

ここでの「知識」とは、"その国や地域のことをよく知っている"といった主観的な知識ではなく、なんらかの手続きによって"測定された知識"を意味している。紹介する結果例での「知識」は、中学および高校低学年の教科書等を参考として作成された地理・歴史および一般常識・時事問題の各領域にわたる10問に対する解答(4択法)に基づいて、高・中・低の3グループに区分したものであり、図は「香港」に対するイメージ(SD法による)を、「高知識群(Hグループ)」と「低知識群(Hグループ)」とで比較して示したものである(図10-2)。

一般に「香港」に対するイメージの特徴は、プラスの表現とマイナスの表現

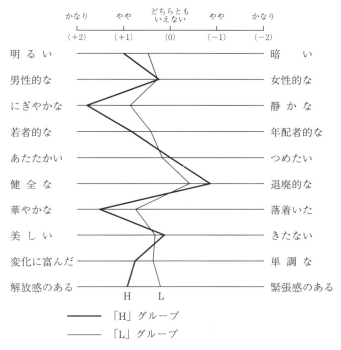

図 10-2. 「知識」によるイメージの比較 (香港について)

とが共存している点にあるが,「高知識群」はこの特徴をさらに強調したものとなっており,"にぎやか・華やか"であり,同時に"退廃的"であると感じている傾向がはっきりと認められる。

2)「旅行の意向」とイメージの関係

前項と同じ調査によって,「(その国への)旅行の意向」とイメージの関係を考察する。ここでの「旅行意向」とは一般的な願望レベルであり,「ぜひ行きたい」「機会があれば行ってみたい」「あまり行きたいとは思わない」および「全く行きたくない」の4段階で回答を求めている。

「中国」に対するイメージ(SD法による)を「強い意向あり(=ぜひ行きたい)」と「あまりなし(=あまり行きたいとは思わない)」とで比較して示した。

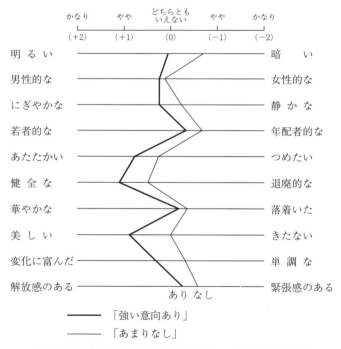

図 10-3.「旅行の意向」によるイメージの比較(中国について)

結果は，ほとんどすべての項目において「意向」の違いによる影響がみられ，「強い意向あり」の場合には，全体的に"プラスの評定"となる傾向がある（図10-3）。

5. 観光におけるイメージの役割と機能

1) 観光行動における位置づけ

一般に『イメージ』は"刺激規定性の弱い世界"において強い影響力を発揮するものと考えられ，アルコール飲料においては，度数の低いビールやワインの方がウィスキーやブランデーよりも，銘柄選択や評価にイメージが影響しやすい。人間は，実際よく見知らぬ対象についてもなんらかの"手がかり"によって評価を加え，"心理的世界"の一部としているのである。

観光行動は，その行動そのものの多様性と不確実性，実際の体験をもつまでは対象地などについて評価することができないということなどから，本質的にイメージが強い力をもつ領域である。

観光行動が成立するメカニズムの中でのイメージは，行動の対象となるさまざまなものに対する（好き・嫌いの感情を含む）"漠然とした期待"としてとらえることができる。また，観光行動の"事前・事後"という時間的文脈でいえば，行動前における対象についての意識の一側面とすることができる。

「情報」との関係でいうならば，イメージは，不十分な，ごくわずかな情報によっても形成され，たとえば，まったく知らない人物に対しても，文字・語感や実在人物からの"連想"によってイメージが生じうるのであり，「態度」と異なる概念として扱う意味はこの点にあるということができる。そして，情報が与えられ，客観性のある知識が増加するにしたがって，「イメージ」と「知識」とが分離して存在しうるようになり，さらに，ある程度の持続性と構造性をもった"選好姿勢"としての「態度」が形成されるようになると考えることができる。この段階においては，イメージは対象評価における"情緒的側面"としてとらえることができ，その影響力は相対的に弱いものとなる。

また,「動機(Motive)」との関係からみると,対象について"好意的・好ましいと感じられるイメージ"がある場合には,情報の収集さらに対象に接近しようとする行動を動機づけ,"非好意的・嫌いと感じられるイメージ"は,その対象を敬遠・回避する行動を生じさせるのである。

2) 観光における「イメージ」の機能

最後に,観光における"イメージの働き"をまとめておくこととする。

① 観光におけるイメージは実際行動まで持続する。
② よいイメージは,情報収集と実際にそこを訪れようとする活動を促す。
③ イメージは「期待」となり,「期待」は「評価」に影響を与える。
④ 「知識」や「経験」の度合いにより,イメージの影響力は異なってくる。
⑤ 一般に"国・地域イメージ"の良否が最も強い影響を与えるのは,観光行動類型での「旅行先優位型」である。

第Ⅲ部　サービスの行動科学

観光行動研究とサービス研究

　第Ⅲ部は，サービスに関する理論について紹介したうえで，観光関連事業とのかかわりをさまざまな角度から説明したものである。観光行動における消費活動の主たる対象がサービスであり，観光関連事業がサービス事業があることは周知のところであるが，サービスにはどのような特徴があり，評価はどのようになされるのかなどについて，理論的に説明がなされることはほとんどみられなかった。

　その理由として，まず，観光行動におけるサービス利用は全体としては多種多様であるが，個々の利用場面はきわめて個別的であるため，一般的な説明をすることは困難であると考えられてきたことがあげられる。さらに，観光者にサービスを提供する関連事業は多岐にわたっており，それぞれの事業の種類によってサービスの機能や役割が異なるため，それらを共通性のある形で説明することは有効性に乏しいと思われてきたともいえよう。実際にも，観光関連事業が協力して，サービス問題に取り組むことは少ないのである。

　しかし，最大の理由は，サービス全般を同一の概念と枠組みで体系的に説明することのできる「理論」が存在しなかったことによるものではないかと思われる。

　ここで紹介する「サービス理論」は，サービスに対する評価仕組みの分析を中心としたものであるが，観光行動に関係する事柄をはじめ，すべてのサービスを同列に同等に扱って論理的に説明することのできる"一般理論"としての性格をもつものである。

　著者のサービス研究は，消費者行動研究の一部としての"サービス利用の仕組み"の分析と，観光者心理研究の一部としての"サービス評価"の分析との，やや異なる2つの側面から始まったものである。しかしその後，研究を進める過程において，(11章に記してあるように)サービス全般を対象とする研究領域確立の必要性を感じ，改めて基礎的資料の集積と，数多くの事例分析，さまざま

な調査研究を行うことを通して、消費者行動論および観光行動論の一部分としてではなく、"独自の理論体系"としての「サービス理論」の構築を図ってきたのである。

本書において、サービスに関する事柄は、すでに観光者心理をはじめいくつかの章で取り上げられてはいるが、著者の「サービス理論」に基づき、改めて観光行動および関連事業全般の分析を試みることとしたい。本書の第Ⅲ部を、「サービスの行動科学」として位置づけている理由もそのためであり、サービスに対する理解を深めることによって、観光行動研究が内容的にさらに深まることを意図したものである。

第Ⅲ部の構成

前半の3章（11～13章）は、「サービス分析の基礎理論」の説明を中心としたものである。

まず最初に、「サービス理論」の意味と役割、サービス評価分析にかかわる基礎概念について説明し、サービスは2つの異なる性格の要素・側面の組み合わせによって成立していることを明らかにするとともに、2つの要素・側面の組み合わせがどのような条件によって規定されているかを分析する。この章は以下の各章すべての基礎となる部分であり、「サービス理論」の総論としての性格をもっている（11章）。

次の章では、やや観点の異なる基礎理論としての"用語法の分析"について説明している。ここでは、サービスというコトバの日常的な用法を分析することを通して、サービス評価に影響を与えている"社会的条件"について考察を加えている（12章）。

前半最後の章では、サービス評価において重要な位置を占める"個別化"に関する理論について説明するとともに、サービスを提供する事業がどのような形で"個別化"を実践するのかについて考察する（13章）。

後半の2章（14・15章）は、「理論」を適用して観光関連事業におけるサービ

スの性格や特徴を分析することを試みたものである。

まず，観光に関連する事業として，とくに宿泊業・旅行業・航空会社をとりあげ，それぞれの事業の発展過程を併せて，サービスの特徴や課題についての分析を行っている（14章）。

次に，観光行動と「公共サービス」との関係を考察し，「公共サービス」の性格と評価における特徴について分析するとともに，サービスに関する用語法の一部でもある「サービス価格・商品」の意味について，さらに，土産品購買などを通して観光者とも関係の深い「流通サービス」の課題について説明している（15章）。

[（第Ⅲ部関係）参考文献]

前田　勇『サービスの科学』ダイヤモンド社，1982年
前田・作古編著『サービス・マネジメント』日本能率協会，1987年
前田　勇『実践・サービスマネジメント』日本能率協会，1989年
（なお，本書で使用した図・表は，上記各書のものとは名称・記載順番などが異なっている場合があることに留意されたい）
鶴田　俊正『成熟社会のサービス産業』有斐閣，1982年
野村　清（田中滋監修）『サービス産業の発想と戦略』電通，1983年
ベルシステム24編『顧客満足度』日本能率協会，1989年
ジャック・オロヴィッツ（棚田幸紀訳）『サービスの品質をどう高めるか』日本能率協会，1989年（J. Holovitz, *La Qualite de Sercice*, 1987）

第11章　サービス分析の基礎理論（1）
——サービス評価の理論——

1. 「サービス理論」の意味と役割

1) サービス評価の特徴

　本章以下の各章で説明する「基礎理論」とは，著者が『サービスの科学』およびその後の一連の著作(*)において展開してきたものを意味している。

　著者が構築せんとしているサービス理論は，「サービスとは何か」を論じることを主題としたものではなく，人びとが日常的に利用しているサービスについて，"よい（わるい）"と判定・評価する場合の基準となっている要因と条件とを分析することを通して，「サービス」と称されているものの本質を明らかにすることを目的としたものである。

　"コトバ"として一般に用いられており，とくに"日常語化"している場合には，対象となる事象や使用する用語の明確化を図ることそのものが困難であり，一般性のある説明の成立を妨げる傾向がある。「サービス」も，このような環境にあるコトバのひとつであり，いつ・どのようにして・どのような意味のものとして，サービスというコトバを学んだかを記憶している人はきわめてまれである。それぞれの生活を通して，なんとなく知るようになり，その意味・内容については各人各様の解釈によっている部分が少なくないのである。

　サービスについて述べられた著作はさまざま存在するが，その多くは個別的な"経験論"としての性格の強いものであり，社会のサービス化が進んだ現在においても，この傾向は変ってはいない。利用者の立場からサービスについて述べたものは，客である自分を中心に"満足・不満足"あるいは"快・不快"を"語る"ことが一般であり，サービスを提供する立場から書かれたものは，

（*）　参考文献の項を参照。

利用客にいかにして満足を与えたかを個別的に述べている場合が多い。

　評価が主観的すぎる，個別的すぎるということが問題なのではない。後述するように，それは理論的にも妥当なのであり，サービス評価の基本的な特徴は"自分中心として語る"という点にある。問題は，個々の評価をふまえて，「サービスは一般的にどのように評価されるのか」についての論理的説明がなされるかなのである。この"説明"の部分が欠落していたとすると，それは個人的感想の世界にとどまらざるをえない。

　人びとが生活において利用しているサービスのほとんどすべては，人と人とのなんらかの関係の上に成り立っているものである。また，サービスは基本的に特定の時間・空間においてのみ存在するものであることを理解するならば，それぞれの当事者の経験は重要である。しかし，それを同じ経験をもってはいない人びとに示して理解を得るためには，それぞれの個別的事例の中に含まれている"一般性"についての分析が重要になる。

2）「サービス理論」に求められる条件

　現在，サービスに関して，問題を分析し整理することのできる"一般性のある理論"が社会の各領域において求められている。それは，サービス化の進む社会・経済的状況において，サービスの質的向上や効率化・生産性向上などに取り組むにあたって，共通性のある論議の出発点となりうる"説明の体系"が必要となるからである。

　さらに，より現実的な要請がある。それは，サービスとは何であり，その改善を図るためには「何を・どのように」行うことが必要であるのかを，論理によって明確に説明することができなければ，サービスの提供に従事している大勢の人びととの教育・指導，効果的な管理・運営が困難なものとなるという事実そのものである。

　このような要請に応えることのできるサービスに関する「理論」に求められるのは，研究の対象とするもの，使用用語，研究の方法などを明確化したうえで，多くの人が納得し理解できる形で結果や解釈を示した"科学的知見"によ

って構成されることである。このような条件を満たす"ひとつの基礎理論"として提起したものをとくに「サービスの科学」と称しているのである。

2. 評価対象となる「サービス」の構成

1) 「機能的サービス」と「情緒的サービス」

サービスを構成している要素は,基本的に"機能的な面"と"情緒的な面"とに大別することができる。

"機能的な面"とは,客観的に認めることのできる"はたらき(便益供与)"であり,この面を中心とするサービスを「機能的サービス」という。

これに対して,"情緒的な面"とはサービスの"やりかた"に関するものであり,その中心をなすのは,利用者に対する提供者の"人的対応"である。"はたらき"の面とは異なり,"やりかた"については,「よい」と感じるか「わるい」と感じるかには個人差や状況差があり,なにをもってサービスと感じるかについても個々人による違いがある部分である。このような面を中心としたサービスを「情緒的サービス」と称して区別する。

2) サービス事業のタイプ

一般に人びとが利用しているサービス事業を,それぞれの"サービスの性格"の面から分類してみると,組み合わせによって,サービス事業は次のタイプに区分することができる。

① 専ら機能的な面で便益供与を行っている事業
② 機能的な面と情緒的な面の両面によって便益供与を行っている事業
③ 専ら情緒的な面で便益供与を行っている事業

機能的な面での便益の供与を行っているのが一般的な意味でのサービス事業であり,客観的に認めることのできるなんらかの便益を有料で提供している。そして,提供している便益(はたらき)がどのような種類であるかによって,交通サービス・通信サービス・飲食サービス・宿泊サービス・金融サービス・医療サービスなどに分類することができる。

「タイプ①」………「便利・不便」の評価

　サービス事業の中で,「タイプ①」すなわち専ら機能的な面での便益供与を行っている代表的なものは,電気・ガスなどの公益事業であり,また,交通サービスは基本的にこれに近い性格をもっている。

　評価に関する"コトバ"の用例を分析すると,これらが提供しているサービスに対して,「サービスがよい（わるい）」を表現することは日常的には少なく,提供している機能性そのものを評価するものとしては「便利・不便」が多く用いられていることが認められる。その理由として,このタイプの事業が提供しているサービスの場合,利用者一人一人が受ける効用にほとんど差がなく,さらに,利用の有無にかかわらず,"客観的に存在している"ものと受けとめられていることがあげられる。つまり,提供される便益の価値は普遍性が高いのであり,よい・わるいという個別的判定よりも一般性に対する評価が優先されているのである。

　交通サービス・通信サービス・医療サービスなどは,それぞれ程度の差はあるが,このタイプのサービス事業として共通する性格をもっている。

「タイプ③」………"個人差のある総合評価"

　タイプ①の対極に位置する情緒的な面中心の事業について分析すると,この場合も「サービスがよい（わるい）」が"コトバ"として用いられることは少ない。その理由は,このタイプのサービス事業の典型としてあげられるバー・クラブなどの接客サービス業にみられるように,利用者（客）への直接応対そのものが事業の主たる活動であり,それ以外に,客観的に認めうる便益の供与は,ほととんど存在しないからである。つまり,"やりかた"が"はたらき"そのものであるといってもよく,提供者側の応対がわるければ（正確には,客が自分への応対はよくないと感じるならば）,応対者さらには事業（店）は,よくなかったとされるのであり,「よい・わるい」よりも「すき・きらい」の判定に近づくことになる。

このタイプにおいては，サービスに対する評価は同時に"個人差のある総合評価"となりうるのであり，宿泊サービス・飲食サービスなどは，基本的にこのタイプとしての性格を有している。

3) サービス評価の対象となるタイプ

「タイプ②」…………"よい・わるいの評価"の対象

機能的な面中心・情緒的な面中心の場合とも，それぞれ異なる意味において，「よい・わるい」というコトバが用いられにくいのであり，サービスに対して「よい・わるい」の評価の対象となるのは，「タイプ②」"機能的な面と情緒的な面とを組み合わせて便益の提供を行っている事業"の場合なのである。

サービスの「よい・わるい」が評価の対象となるためには，提供される便益が"自分のために提供されていると感じられること"が重要な条件となっているのであって，利用したサービスが，不便ではなく，不快ではなかったとしても，自分のために提供されたものと感じられない場合には，"よいサービス"であるとの評価は生じにくいのである。

サービスの「よい・わるい」という評価が，機能的な面と情緒的な面とが組み合わされている場合に生じるということは，評価の対象となりうるサービスは，ある程度以上の客観性あるいは安定性をもった機能的な面での便益の供与（はたらきのサービス）を伴っていなければならないことを意味している。そして，さらに重要なことは，機能的サービスだけでは「よい・わるい」という評価がなされにくいという点なのであって，情緒的サービス（やりかたのサービス）との組み合わせの適否が重要なのである。

3. サービスの基本タイプ

1) "2つの要素"の組み合わせ

評価の対象となるサービスは，機能的な面と情緒的な面とが組み合わされたものであるが，組み合わせを規定している条件は何であろうか。

一口にサービスといっても，業種等によって意味・内容，性格がそれぞれ異

第 11 章　サービス分析の基礎理論 (1)

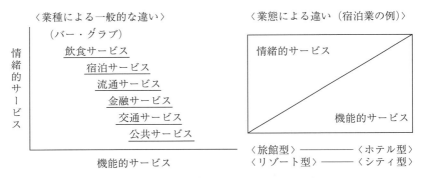

図 11-1．業種・業態による組み合わせの違い

なることは経験的にも明らかである。一般に情緒的サービスの割合の高い業種は，利用するか否か・どこを利用するかについての"選択の自由度"の大きい「料飲サービス（バー・クラブ，料亭など）」である。「飲食サービス（飲食物の提供を中心とするもの）」や「宿泊サービス」なども，利用客に対するサービスの"やりかた"である情緒的サービスのウェートの高い業種であるが，バー・クラブなどに比較すると，機能的サービスの割合もかなり大きくなってくる。一方，物品販売を中心とする「流通サービス」は一般に機能的サービスの方が大きく，「金融サービス」「交通サービス」などは，さらに機能的サービス中心である（図11〈左〉）。

しかし，これはあくまでも各業種ごとの一般的位置づけであり，同じ業種であってもかなりの差異がある。たとえば，宿泊サービスには，機能的サービスを基調とする"ホテル型"から，情緒的サービスを特徴とする"旅館型"までのさまざまのタイプが含まれている（図11〈右〉）。

交通サービスが他業種に比較すると機能的サービス優位であることは確かであるが，その中にもハイヤー・タクシー，観光バスなど相対的に情緒的サービスのウェートの高い業態も多く含まれている。

業種的にみると，"サービスの向上"に最も積極的に取り組んできているのは，情緒的サービスのウェートの高い業界である。それは，利用客がどこを利

用するかを自由に選ぶことができる業種・業態なのであり，"よいサービス"であることが選択の大きな条件となりうるからである。

2) "組み合わせ"を規定する条件

機能的サービスと情緒的サービスの"組み合わせ"の度合いが，業種・業態によってそれぞれ異なっていることは一般に認められる事実である。しかし，それは業種・業態としての"サービス提供の条件"にある程度の共通性があるからなのであり，業種・業態の違いが"組み合わせ"を本質的に規定しているわけではない。対人接触場面がごく限られている「ビジネスホテル」と，客室係員の応対を特徴とする「(高級)旅館」とでは，同じ宿泊サービス業に含まれるとしても，"サービス提供の条件"が大きく異なることは明らかである。日常生活品を中心としている「スーパーマーケット」と，高価な商品を販売している「専門小売店」との違いも同様であり，専門小売店における"サービス提供の条件"は，むしろ高級な料飲業や旅館により近いものとなっているのである。

"組み合わせ"を基本的に規定する"サービス提供の条件"は，次の4点にまとめることができる。

① 利用者の数……どのような人(達)がサービスを利用しているのか(どのような人達を対象としてサービスを提供しているのか)という利用者の条件。

② 利用頻度……日常的に利用するのか・たまに利用するのか(対象とするのは頻繁に利用する人なのか，たまにしか利用しない人なのか)という利用頻度の条件。

③ 利用・選択の自由度(随意性)……利用するかしないか，どれを(どこを)利用するかを自由に選択できるか(同様なサービスを提供している"競争者"がいるか)という選択の条件。

④ 利用(提供)時の対人接触度……サービス利用時における対人接触の程度(提供において人が直接介する度合い)という人的応対の条件。

これら４つの条件がそれぞれ関係して，機能的サービスと情緒的サービスの"組み合わせ（＝「サービスの基本タイプ」と称する）"をつくっているのである。

　①の「利用者の数」の条件としては，利用客が多い場合，サービス提供にあたっては"やりかた"よりも基本的な"はたらき"を前面におくことが必要となる。同様に，②の「利用頻度」の条件においては，多くの人に日常的に利用されているサービスは当然のこととして，人びとから共通に認められる"一般性のあるはたらき"が重視される。しかし，同じサービスであっても，それをたまにしか利用しない人の場合には，その"やりかた"に対しても関心が寄せられることが多く，評価の構造もやや異なってくることに注意する必要がある。

　③の「利用・選択の自由度」が低い場合，利用者は必要に応じて，特定のサービスを利用せざるをえないのであり，評価とはかかわりなく再利用されることになる。行政サービスをはじめ公共サービスはこのような条件を基本的にもっており，また，時間や立地などの条件によって需要が急増する場合も，利用・選択の自由度は極端に低くなってしまう。これに対して，自由に選択することができる場合には，サービスの「よい・わるい」についての関心が高まり，とくに，"やりかた"の適否が全体評価に直接影響を与えることになる。

　④の「利用・提供時の対人接触度」は，"サービスのタイプ"に直接関係する条件であり，対人接触度が高い（長時間）場合には，人的応対を通してサービスの"やりかた"が利用者に直接に示され，その適否により「よい・わるい」の評価が形成されやすくなる。「自分のために何かをしてくれた」と感じられることは"よいサービス"であるとの評価に関係しており，対人的応対はその意味からも，サービス評価に影響を与える。しかしそれは，プラス評価だけではないのであり，マイナス評価をつくる場合もあることを意味している。

　これに対して，対人接触度が低い（短時間）場合は，"やりかた"が人を通して具体的に示される度合いが少なく，また，時間的に限定されているので，人的応対があったとしても全体としての"はたらき"の一部分として位置づけら

れ，強い印象とはなりにくい。いわゆる「マニュアル」に基づいて行われていると感じられる人的サービスが，「わるい評価」はされないとしても，「よい評価」にも結びつきにくいのは，人的応対に自然さがないために，"はたらきの"一部として受けとられやすいことに原因がある。

3) サービス提供の「条件」と「基本タイプ」

サービス提供の「条件」と「サービスの基本タイプ」との関係は次のように整理することができる（表 11-1）。

一般に，多くの利用者が日常的に利用し，利用時における人的接触が短いという条件をもつサービスの基本的性格は，『機能性優位型』である。その反対に，利用者が限られていたり，たまに利用するものであり，利用時における人的接触の度合いが高いサービスの基本的性格は『情緒性優位型』となる。

利用・選択の自由度の低いサービスは一般に機能性優位型となり，それは，自由度の低いサービスの基本的な特徴である"多くの人が利用する（利用せざるをえない）"ことが強くかかわっている。

機能性優位型か情緒性優位型かという「サービスの基本タイプ」に強く影響を与えているのは，利用・提供時の対人接触度であり，宿泊サービスの中での"ホテル型"と"旅館型"の違いをつくっているのはこの条件である。

利用者の数や日常的利用の度合いが，対人接触度に影響を与える条件である

表 11-1. サービス提供に関する「条件」と「サービスの基本タイプ」

サービス提供における"諸条件"				サービスの基本タイプ	利用客からの反応・評価
利用者の数（タイプ）	利用頻度（日常的利用の度合）	利用・選択の自由度（随意性）	利用(提供)時の対人接触度		
不特定多数	高い	低い	低い（短時間）	機能性優位	プラス・マイナスとも少い
｜	｜	｜	｜		｜
特定少数	低い	高い	高い（長時間）	情緒性優位	プラス・マイナスとも多い

ことはいうまでもないが，それらが直ちに対人接触度を規定しているのではない。ホテルと旅館におけるサービスの違いのように，それぞれ事業の"やりかた"によっても，基本的性格は異なってくる。

　同様な業種・業態であっても，提供の「条件」が違うと「サービスの基本タイプ」は変わるのであり，どのようなタイプのサービス提供を目指すかによって，必要とされる「条件」があるということなのである。

　さらに重要なことは，「サービスの基本タイプ」によって，利用者の反応や評価が異なるという点である。機能性優位型のサービスの場合は，期待されている"利便さ"などが得られている場合には"強い不満"は少ないのであり，また，提供されているサービスが一般性をもっているために，"普通の状況"においては"強い満足"の感覚も生じにくいのである。

　これに対して，情緒性の強いサービスの利用は一般に非日常的であり，人的応対を伴っているために，"満足"を感じやすいとともに，"不満・不快"や"失望"もまた生じやすい。

第12章 サービス分析の基礎理論（2）
——"用語法"の分析——

1. "サービスというコトバ"の用法

1) "共通語"としての条件

サービスを分析するためには，"構成要素と組み合わせを規定する条件"とともに，「サービス」というコトバには"2つの異なる用法"があることを明確に理解しておくことが必要である。

前章の冒頭に記したように，人びとは「サービス」というコトバをいつとはなしに知り，それぞれの生活を通してこのコトバの用法を学んだのである。似かよった経験が共通性のある経験を生みやすいのと同様に，生活を通して学ぶということは，コトバの意味・内容として人びとが抱いているものにはかなり共通する部分があるだろうと考えることができる。実際に，多くの人びとがサービスに関して，各自の体験に基づいて「どこそこのサービスはよかった」「ここはよくない」とか，最近のサービスの傾向にはこのようなことがあるなどについて"相互に語り合っている"ということは，その程度は別としても，サービスというコトバが"共通語"となっていることを示しているのである。

しかしながら，定義を共有しているのでないため，興味や関心が似かよっている人びとが"語り合う"場面では通じ合えるとしても，経験の共通性の乏しい"他人"に"説明する"場面になると意味・内容に対する理解のしかたを改めて問い質すことも必要になってくる。それは，語り合いの対象となるサービスが一般に個別的場面でのものであるのに対して，説明が求められている場面でのサービスは，より一般的なものだからであり，何が基本的なことであり，何が状況的なものであるかを整理する必要があるからである。

サービスに関する「一般理論」が求められるのはまさにこの理由によるのであり，意味を共有するための手助けの役割を果たすことなのである。

2) 実際の使用例の分析

そのためのひとつの方法として考えられるのは、"サービスというコトバ"を人びとが実際にどのように使用しているかを分析することを通して、意味・内容の"範囲と条件"を明らかにすることである。

コトバとして用いられるためには、すべての人が理解しているような明確な約束はないとしても、ある程度の人びとが共有している"ゆるやかなルール"が必要である。明確な約束（定義など）があるが、理解している人の範囲が限定されているコトバはいわゆる専門語であり、この場合には、そのコトバを知らない人は用いることができない。業界用語や特定の職業に従事している人同士で用いる「符丁」も同様な性格である。

"サービスというコトバ"は、明確な約束がなく、誰でもが自由に使うことができる点に大きな特徴がある。利用経験が豊富であろうとも浅かろうとも、また、さまざまなサービスを比較して利用している人も、ごく限られたものしか利用したことのない人も、サービスを利用しているということにおいては同等である。そして、誰もが自分の経験に基づいてサービス一般についても語ることができるのであるが、語る（語り合える）ということは、相手と共通する部分をもった"ルール"があることを示している。

"サービス"の用語法に関して、人びとがもっているルールが、かなりゆるやかであることは経験的にも認められる。しかしそれは、最初からゆるやかであったとみるよりも、多くの人びとがサービスについて自由に語り合う機会が広がったことによって、各人各様の解釈が加わるようになった結果であるとみるのが妥当なのである。用法としての表面的な多様性の背後には、"本来基本となっているルール"が潜んでいると考えられるのである。

"サービスというコトバ"の実際の用例を可能な限り収集してみると、このコトバがいかに多種多様な用法をもっているかわかる。用例の収集源として有効性が高いのは、新聞に寄せられた「投書」であり、そこには"個人的感想"が率直に語られていることが多い。"個人的語り"を素材として、"一般性のある

"説明"をいかに導き出すかがサービス研究には求められるのである。

　収集された"コトバ"を意味的な類似性によって，共通性のあるものを集めるという作業を繰り返してゆくと，最終的に"2つのグループ"にまとめることが可能であり，それは，2つの異なる用法があるということを示している。

2．2つの異なる用法

1)「存在型用法」とは

　1つの用法は，何らかの便益供与の活動や提供のための仕組みや"場"そのものを「サービス」と称しているものである。

　この用法の代表例として「コピーサービス」がある。いうまでもなく，コピーサービスとはタダでコピーを作ってくれることではなく，有料で必要部数の複写物（コピー）をつくるという"活動（はたらき）"の一種である。「配送サービス」は便益供与の活動そのものであるとともに，「都内23区への配送料は一律○○円」といった表現にみられるのは"提供の仕組み"を示している。

　現代社会には，かつては存在しなかった"新しいサービス"が数多く登場しており，人びとの行動様式に大きな影響を与えている。荷物の宅配サービスはその代表例であり，旅行形態や土産品購買など観光行動とのかかわりも大きい。また，航空会社をはじめデパートなどのさまざまな接客業にも設置されている「サービスカウンター」は，"便益供与のための場"を提供者側が自称しているものである。

　これらの用法は，いずれも提供活動や仕組みが"あるか・ないか"についてであり，「（サービスというコトバの）存在型用法」と称する。重要な点は，この"あり・なし型"の対象となるサービスは，それを実際に利用した人がどう評価したかとは直接的な関係がないことである。新しく登場したサービスを含めて，活動・仕組みなどが"ある"ことを知っている場合には，自分がそれを利用するか否かにかかわらず"サービスはある"とされ，実際には"ある"としても，存在を知らない人にとっては"ない"と同じことなのである。

2）「評価型用法」とは

もう1つの用法は、"提供のしかた"そのものを「サービス」と称するものである。具体的には、利用客である自分（達）に対する対応が"よい"と感じられた場合には"よいサービス"、その逆に"わるい"と感じられた場合には"わるいサービス"というコトバが用いられるのであり、この用法は、便益供与の活動や仕組みのように客観性がある判定ではなく、"主観的な最終評価"を示している。

実際に、サービスで最も多くみられる用法は、"サービスがわるい"ことを表現してものであって（"サービスがよい"という表現はずっと少ない）のであって、いずれにせよ"よい・わるい型"の用法が最も一般的なのである。このような用法を「（サービスというコトバの）評価型用法」と称し、「存在型」と区別する。

評価型用法での評価主体は、いうまでもなくそのサービスを利用した当人である。したがって、その人がどう感じるかによって評価は当然異なってくることになり、個人差さらには状況による違いが加わってくる。

このように、サービスというコトバは、客観性と一般性、さらに、ある程度の安定性と再現性のある"あり・なし"をとらえている面と、主観性と個別性を特徴とし、2度と同じ状況はありえないという状況での"よい・わるい"を評価しているという面とを併せもっているのである。

3．"2つの用法"の関係

次の課題となるのは、この2つの"異なる用法"がどのような関係にあり、それがサービスに対する評価といかに関係しているかを分析することである。2つの用法の関係は、以下の各タイプに区分することができる。

1）「存在型」から「評価型」へ

評価型は存在型の次の段階として用いられるというのが基本形である。つまり、なんらかの便益供与の活動や仕組みがある（サービスが存在する）ことが

認められ，それを利用した後で，よい・わるいが評価されるのである。

「オードブルはワゴンサービスであった」などといった表現は，サービスの仕組みとして"ワゴンサービスがあった"ことを示しており，それがよかったかどうかについての評価は，その次の段階でなされることになる。

いうまでもなく，存在しないものは評価の対象とはならない。その意味では"サービスがよい"と評価されるための前提条件は，サービス提供の活動や仕組みをもっていることであって，逆にいうと，"ある"場合には，"サービスがわるい"と評価される可能性があることも意味している。

日本のホテルでは「ルームサービス」の利用客が欧米に比較すると少なく，事業活動として採算がよくないのが一般である。そのため，メニュー等も充実されていない面があり，利用客から"サービスがわるい"と評価される場合がある。評価の向上を図るためには，ルームサービスという活動・仕組みそのものを"利用客の期待"に応じて充実させることがまず求められるのであるが，その一方には，ルームサービスそのものをやめてしまえば，"わるい"といった評価そのものもなくなるという考えかたもありうる。

"中途半端にある"よりは，"ない"あるいは"別の形である"ことの方がよい，という考えかたは社会の各領域に広がっており，自動販売機・セルフサービス方式をはじめサービス提供に関しても多用されている。これらは，効率性重視や人手不足などを背景としており，利用客側の利便性重視の意識とも関係している。

サービス評価との関係をみると，3）で取り上げている「あるか・ないか」を「よい・わるい」の評価と直結させる用法を増大させる傾向となっている。

2）　最初から「評価型」のみ

しかし，"存在を認め，利用した後で評価する"ということは実際には多くない。そのような便益供与の活動や仕組みがあること自体は"普通"のことであり，"当然"であると一般に考えられている場合には，「ある」を認める存在型用法を用いることなしに，最初から評価型用法によってサービスについて語る

ことが多い。

たとえば、飲食店の利用において、（現代の）日本では、「この店にはウェーター（ウェートレス）によるサービスがあった」という"存在型の表現"は一般にはなく、たんに「この店のウェーター（ウェートレス）のサービスはよかった（わるかった）」という"評価型の表現"が用いられるのが普通である。それは、日本国内の場合、カウンターだけの店や"セルフサービス形式"を明示しているところを別にすると、ウェーターなどが客の注文をとり、テーブルまで運ぶというやりかたが普通であると考えられているからであり、最初から評価型が用いられるのである。

しかし、このようなことは国際的に共通しているわけではなく、現在でも欧米社会においては「サービスがある」「テーブルサービスのある店」といった用法がみられ、サービスがある（＝従業員による人的対応がある）場合には、やりかたに対する個人的評価とはかかわりなく、サービスの対価（＝チップ）を支払うことが社会的な慣習となっている。

日本国内に限ってみても、どのようなサービスがあるのが"普通"であり、"当然"であるのかは時代によって大きく変わってきており、また現代においても地域によって異なっている面も多々ありうる。したがって、サービスを論じるにあたっては、どのようなサービスがあることを"当然"と考えているかについて、あらかじめ十分に検討しておくことが必要とされる。

3） "あり・なし"によって評価する〈マイナス評価に直結する場合〉

最初から評価型が用いられる別なタイプがある。それは、利用者からみて、当然あるだろうと予想したサービスがなかった場合、あるいは、"ない"ことを期待した（"あっては困る"）サービスが実際にはあった場合である。

A．"期待したサービス"がなかった場合

先に述べたように、当然あると期待したサービスがあった場合、あること自体は"普通"のこととされやすいのであり、（自分に対する）やりかたがよいかどうかが大きな関心事となる。そして、当然あると期待したサービスがなかっ

3. "2つの用法"の関係　　143

た場合には,「なかった」ということだけでマイナスの評価となりやすいのであり,「○○もないとはサービスがわるい」という用語法はその典型的なものである。

　先にあげたホテルでの「ルームサービス」の例をみてみよう。ルームサービスをやめてしまった場合,"ルームサービスがわるい"という批判はなくなることは確かであるが,今度は"ルームサービスもないとは,このホテルはレベルが低い"と全体に対する評価そのものが下がってしまう危険性がでてくるのである。実際に,"一流ホテル"の国際基準では,「フルコースディナーをルームサービスでとれること」がかなり大きなウェートを占めているのであり,日本のある大手ホテルでは,"本格的な国際化時代に対応すること"を目的に,(その部門での損益性は度外視して)ルームサービスの充実に力を入れている。

　このように,あるビジネスの"顔"となっているような部門では,そこにふさわしいサービス提供の活動が"ない"ということが致命的なマイナスになってしまうのであり,"高い水準のものがある"ことが求められている。

　一般には,業種・業態,立地,価格,提供者の"知名度"などとの関係から,"あるだろう"との予想がなされ,なかった場合には直接に不満に結びつきやすいのである。

　このような,サービスにおける"非存在に対するマイナス評価(期待したサービスがなかったことが主たる理由となり,対象全体の評価がわるくなってしまう傾向)"は,基本的に「期待」と「実際」とのギャップから生じるものであり,「期待」をつくるものとしての"情報"の影響は大きい。その意味では,サービスを提供する側は,利用者に伝達される情報の的確性を常に点検することが求められるのであり,とくに,買物・飲食・旅行をはじめ"自由に選択できるサービス"に関してはその重要性は高いのである。

　一方には,社会的状況や価格(対価)の関係からみて,"適当であるとは考えにくい期待"によって不満や批判がなされている場合がある。たとえば,流通サービスにおいて,華美な包装が無料でなされることを当然のことのように期

待したり，タクシー利用において，需要が急増する時間帯に「空車」が少ないことを理由に，タクシー業界一般のサービス体制を批判することなどは，期待そのものが適当とはいえないのである。しかし，利用客獲得のために，人手やコストの関係から事業活動として継続することは本来できないサービス提供が，無理を承知で行われていたり，是正すべき悪しき慣習としての"客側を不当に優遇すること"が行われていることもある。それらは，サービス化が進み，大多数の人びとがサービスの利用者であるとともに提供者でもある現代社会においては，"適当ではないサービス"と評すべきなのであり，それらが存在しているために，不適当なことまでを"当然"と利用者側に期待させてしまう原因ともなっている。

さらに，一般的とはいえないことを当然のこととして期待しているために生じるギャップの問題がある。外国とくにアジア諸国を訪れた日本人旅行者が，「お茶」や「おしぼり」が提供されなかったことをもって，「××国のサービスはおくれている（わるい）」といったマイナス評価をしていることなどは，国際化の進む社会での問題の例である。日本にあるのだから（日本人客に）提供されるのが当然だとするのは，文化の違い，とくに生活慣習の違いを理解しない考えかたであり，観光の大きな魅力である"新しい発見"のためには，「何があるか・ないか」ということと全体評価とを区別する姿勢が必要なのである。国内においても生活様式・意識の変化を背景として，これに類似するギャップが世代間や地域間に生じる傾向がある。

B．"ないことを期待したもの"があった場合

"ないこと"が好ましいと思っているものがあった場合も原理的に同じである。旅行先の選択などにみられる例であるが，"静かなところ"を期待して行った先に大勢の人がいたという場合には，その人からみると，賑やかなのではなく"騒々しいところ"なのであり，マイナス評価に結びつきやすい。

旅館のロビーに自動販売機がズラリと並んでいるような場合，落ち着いた和風の雰囲気を期待した人達からみると，"ある"ということ自体が不満を感じさ

せてしまうことになりやすい。しかし，同じものが，ビジネスホテルにある場合には，"便利"として評価されるのであって，何が期待されているかによって，"あること"の評価も異なってくる。

4) "あること自体"が評価の対象となる〈プラス評価を生む場合〉

外にはまだ存在しないサービス，すなわち期待してはいなかったサービスが"あった"という場合には，そのことだけによって「よい」と評価される場合がある。とくに，新しい技術を導入した施設・機器などによる"サービス提供の仕組み"は，利用者から評価される可能性が高い。

しかしながら，それが継続されたり，他にも"ある"ようになってくると，前記した2)のタイプと原理的に同じことになるのであり，あること自体は当然のこととして，やがては積極的な評価の対象とはならなくなるのである。

かつては"普通"のこととして，とくに評価の対象とはならなかったが，現在ではあまりみられなくなってしまったサービスが"ある"という場合も同様である。和服を着た従業員の挨拶が"ある"ということが評価されたり，観光地などに数多い漬物などを販売する店の中で，客の注文を受けてから目方を量り，丁寧に商品として包装をするところが客の人気を集めたりしているのは，かつては普通であったことが"希少価値"をもつようになったことを示している。

4. "2つの用法"と「サービスの基本タイプ」

1) "用法分析"の役割

サービスを構成する2つの側面，それらの組み合わせを規定している条件に基づく「サービスの基本タイプ」は，サービスに対する評価を理解するための"基本的枠組み"であり，国際比較研究にも適用することが可能である。

これに対して，"用法分析"は，人間の感情と意思表現の"道具"であるとともに"メディア"でもある「コトバ」についててのものであり，現代の日本社会での用例に基づいている。したがって，分類や関係分析の方法には一般性が

あるとしても，言語構造の異なる社会にそのまま適用することには限界があるのはいうまでもない。

現実のサービス評価に関する問題を整理するうえでは，"用法分析"の方が有効性をもつ場合が少なくない。それは，サービスは基本的に個人的体験であり，「コトバ」によって語られ，文字によって記されるものだからである。しかし，"用法分析"は現実的・具体的であるために，一般化させるには困難な面があることも事実なのであり，理論を補う"実証的分析素材"として位置づけるのが適当なのである。

2）「基本タイプ」と"用法"

"基本タイプ"と"用法"とは，当然一般的な対応関係を有している。

「存在型用法」が用いられるサービスが，一般に「機能的サービス」であることはいうまでもなく，便益供与の"はたらき"にかかわる活動・仕組み・場であるからこそ，"存在"を客観的に認めることができるのである。しかし，"和服での挨拶"が"あった"とされるように，基本的に「情緒的サービス」をつくりだしている"やりかた"が「存在型用法」の対象となることもある。さらに，"あり・なし"だけによって評価される場合もあり，どのような「機能的」あるいは「情緒的」サービスであるかによって，"用法"との関係は異なってくるのである。

基本的に，サービスの性格類型における『機能性優位型』は「存在型用法」の対象となる面が多く，"あり・なし"の判定が"評価"に結びつきやすい。しかし，『情緒性優位型』においても，"必ず組み合わされている"機能的サービスの"あり・なし"が，"評価"の前提条件となっている場合も少なくはないのであり，サービスを利用する人びとの"意識"そして"期待"などの社会的・時代的要因によっても"用法"は変化しうる面をもっているのである。

第13章　サービス分析の基礎理論（3）
——「個別化」の理論——

1. サービス評価と「個別化」

1)「個別化」の意味するもの

　相手が，自分に対してきちんと応対してくれたと感じられるか否かは，対人評価に強く関係しており，きちんと応対してくれたと感じられる場合には相手に好感をもつのが一般的である。「対人認知」に関する研究によると，対応する際の姿勢・視線・表情（とくに笑顔）・話しかたなどが，印象形成に関していることが認められている。

　サービスの提供場面においては，（客である）自分のためにしてくれたと感じられることによって"よい"という感覚が生じるのであり，"自分のために（フォー・ミー）"という感覚こそが"よい"という評価がなされるための必要条件なのである。"自分のためにしてくれた"という感覚が生じない場合には，"わるい"とは感じないとしても，"普通の範囲（とくにわるいとも感じないが，よいとは思えない）"に含まれることになり，"よい"という評価には結びつきにくい。

　提供側に対しては，"よい"という評価を得ようとするならば，対象（利用客）を，それぞれ"個別なもの"として対応することが求められ，"それぞれの人のために行う（フォー・ユー）"ことが必要とされる。

　レストランなどにおいて，水一杯を出す場合であっても，それぞれの客の方に向いた姿勢をとって丁寧に行ったということが，"よい"という評価感覚の生じる"源泉"なのである。同じような行為であったとしても，客が自分に対してはちゃんとやってくれたとは感じられない場合には，"仕事の一部として水を運んでくれたもの"と受けとめられやすいのであり，少なくとも，"よい"という評価には結びつかない。

流通サービス業における商品販売の場面においても，購入者である自分にきちんと対応し，自分の購入した（しようとする）商品を丁寧に扱ってくれたかという判定によって，"よい・わるい"の印象がつくられやすいのである。

対象者一人一人を"独立した人格"として理解し，それぞれに対して個別に対応することを，「個別化（Individualizing）」と称するのである。

サービス利用場面においては，自分に対して"どのようにしてくれたか"は大きな関心事であり，"いかに個別化されたか"が評価に強く影響している。

サービスの中には，活動・仕組みの"あり・なし"だけで評価されてしまうタイプもあるが，多くの場合は"あり・なし"とともに"やりかた"も評価対象となっている。それは，「機能的サービス」と「情緒的サービス」とによって，サービスが成立していることと同様である。そして，"やりかた"に対する評価とは，本質的に，利用客である自分に対する"やりかたの適否"なのであり，"自分が個別に扱われたか"が最大のポイントとなっている。したがって，"やりかた"が評価対象となっているサービスにおいては，利用客に対する「個別化」がどのように行われるかは，全体としての評価に密接に関係しているのであり，"やりかたの適否"は"個別化の適否"となってくる。

『個別化』がとくに重視されるのは，「サービスの基本的性格」による区分では『情緒性優位型』である。「個別化」を実際に行うことに関係する"提供時の対人接触度が高い（長時間）こと"を，提供の条件としているサービス業は，それぞれの利用客に関心を集中した"個別な応対"をすることによって，利用客の評価を得ようとしているのである。

「個別化」の重要性は，『機能性優位型』においてもあてはまる。機能的サービスが主体であるとしても，そこに"組み合わされている情緒的サービス"をいかに有効に活用するかが"よい"評価を得るためのポイントであり，この部分を生かさないと，機能性本位のサービスとして，"便利・不便"の評価対象となってしまうことにもなる。当然のことながら，「個別化」のための条件は『情緒性優位型』の場合とは異なっており，"大勢の人に対して，限られた時間内で"

2)「個別化」の原理

人間が自分を"一つの個"として認めてもらうこと，扱ってもらうことを求めるのは，多くの人びとに共通する欲求であると考えられる。マズローの「欲求段階（階層）説」において，4段階に置かれている「承認と尊敬の欲求」は，まさに"個別化を求める欲求"に外ならない〈→3章〉。

この「承認と尊敬の欲求」は，"社会的欲求（所属と愛情）"と"自己実現の欲求"の間に位置づけられており，組織の一員としての満足をふまえ，個人としての満足を求めるものとして理解することができるのである。他者を，それぞれ異なる人格として対応することは，このような欲求に正しく応えている行為なのである。

しかし，この「承認と尊敬の欲求」は，「誰でもが」「何時も」好ましい形で示されるとはいえず，成熟した行動として現れるとは限らない。他人の関心や注意を自分に集めようとして，未熟な行動や分裂的行動として示されたり，状況と適合しない行動が示される場合もあるが，それはまた，"個別化すること・されること"がサービスの提供においてはもとより，対人関係の場面においてきわめて重要な関心事であることを示しているのである。

また，「個別化」とは，対象となる人びとをそれぞれ"個"として認め，対応することであるが，それは"平等"と何ら相反するものではない。

学校の教師が生徒の教育・指導を行うための第一ステップは，生徒一人一人の名前と顔とを覚えることであり，次に，学力・性格等を個々について理解することが大切である。同様に，管理者が部下を掌握し，管理・指導を効果的に行うための大前提は，個々人を理解することである。

平等に扱うということは個別化の前提となるものであるが，それは"不満"を生じさせないために必要なのであり，ただちに"満足感"と結びつくものではないことに注意する必要がある。サービスの"あり・なし"の場合と同様，平等に扱われることが継続すれば，それは"普通のこと"となるのである。

3）「逆の個別化」とは

　一般に他者との対応場面において，最も強い不満を覚えるのは，他の人には丁寧（あるいは"にこやか"）であるにもかかわらず，自分に対してはぞんざい（あるいは"冷淡"）であると感じられる場合である。それは，他の人達については，個別の対応が"ある"にもかかわらず，自分に対しては"ない"ということなのであり，強く不満を感じるだけでなく，"怒り"を覚える場合も少なくない。

　このように，一方には"ある"にもかかわらず，一方には"ない"と感じられる個別化を，とくに「逆の個別化」と称するのであって，サービス業とくに接客サービス業では厳に慎まなければならない対応である。

　宿泊サービスとくに「旅館」における苦情の"発生理由"として多いのは，この"逆の個別化"によるものであり，他の客への応対との比較を通して抱いた"差別感"が，不満を生じさせている。また，飲食サービスにおいては，注文した飲食物が運ばれる"順番の公平・不公平"や，店側の人の他の客と交わしている"うちとけた会話"などが，不満を感じさせる例は少なくない。

　"逆の個別化"という表現は，不満を感じる人（利用客）をつくってしまった"わるい個別対応"を指したものであって，利用客の条件によって対応が異なること一般を意味したものではない。常連客であるか新規の客であるか，会員か非会員か，あるいは"大口顧客か一般客"などによって，対応が異なることは当然のことといってよいのである。

　"逆の個別化"が問題となるのは，他の人びとへの応対を，"利用客が相互に知ることができる場面"についてなのであり，同様な条件であるにもかかわらず，"やりかた（個別対応のしかた）"に違いが感じられ，不利な立場におかれたと感じた人が不満をもつということなのである。

　したがって，"相互に知ることができない場面"では，異なる対応であったとしても，それは"逆の個別化"とはされない。国際線旅客機の機内サービスがファーストクラスとエコノミークラスとではかなり異なるのは，料金の違いか

ら，提供されるサービスの水準が違うからであり，"逆の個別化"ではなく，また，客席の間には仕切りがなされている。

しかし，ファーストクラスの中での客室乗務員（キャビンアテンダント）の応対が，客によって異なる（と感じられる）ならば，それは"逆の個別化"そのものなのである。実際にも，ファーストクラスおよびビジネスクラス利用客から，「（他の客には丁寧だったが）自分にはそうでなかった」といった内容の苦情が寄せられることは決して少なくはない。

飲食サービスの中でも，"味"を特徴として不特定多数の客に対応している店についてみると，"すべての客に愛想よく応対する"よりも"すべての客に不愛想に応対する"場合の方がはるかに多い。それは，"プラスの個別化"を安定的に継続するのは無理であるけれども，"逆の個別化"はしないようにという考えかたによってつくられてきた"応対スタイル"であると思われる。

誰もが個別化されない（できない）ということが明らかであるために，決して愉快ではないが強い不満感は生じにくいということがある。たとえば，首都圏などの交通機関とくに通勤時の混雑状況は一般にきわめて不快であるが，すべての利用者が"平等に不快"であることが相互に理解されており，そのことが理由となって，無愛想な係員の応対も許容されていると解することができる。しかし，同じ交通機関であってもタクシーの場合には，乗客をそれぞれ個別化しうる状況と感じられるため，無愛想な応対に対しては，利用者は不満を感じやすいのである。

4) サービス提供における「個別化」の考えかた

ここでは，サービスに対する一連の理論的考察をふまえて，サービスの提供場面における「個別化」の基本的考えかたについて説明する。

利用客の「個別化」を論じるにあたって，まず検討しなければならないのは"利用客数"の問題である。特定少数の場合には可能であっても，不特定多数の場合には困難であると一般には考えられやすい。しかし，利用客は個人としても，さまざまな欲求や好みをもっており，時間や同行者によっても変化するな

ど，かなり多様であり，かつ不安定な対象なのである。したがって，その数が多いか少ないかにかかわりなく，"すべての利用客に"それぞれ個別に対応するという考えかたは，非現実的であるだけではなく，理論的にみても意味のないものといわざるをえないのである。

　さらに，サービスを提供する事業の主体性と責任をどう考えるべきかという問題がある。もしも，利用する客が求めるものを個別に応じることが望ましいサービスであるとするならば，サービスとは利用客本位のものであり，サービス事業はきわめて受動的性格の強いものとして位置づけられることになる。

　歴史的にみても，サービスの利用者が限られており，利用するためにはかなりの費用の支払いを必要としていた時代のサービスには，このような性格が強かったことも事実である。しかしながら，現代のサービスは，国民の大多数が利用者であるとともに提供者でもあるという関係において，提供・利用がなされているのである。したがって，現代のサービス事業は，基本的に提供者側の"能動的な活動"として行われる必要があるのであり，「個別化」もまた，"仕組み"としてなされる必要がある。

　「個別化」に関して，利用客側が求めているのは，自分を"その他大勢"としてではなく，一人一人のそれぞれ異なる客として対応してほしいということである。一方において，提供する側は，利用客側から"よい"という評価を得るためには，可能な限り利用客に対して個別に対応することが必要である。

　しかしそれは，利用客のすべて（すべての利用客のあらゆる利用のしかた）に対して，相手の好みに応じて，個別的に対応することの他には方法がないということではない。

　この問題を解決するためには，提供者側は，それぞれの業種・業態，サービス提供の条件などに基づいて，"どのように・どの程度まで"の対応をするかについての方針をたてることが必要となる。それは，一般的なサービス水準を設定することであり，さらに，目標とする利用客層・利用形態（顧客ターゲット）の明確化を図ることと同様である。

このような過程をふまえて，提供者側が"組織的・計画的に個別化を図る"という考えかたを『制度的個別化（Planned Individualization）』と称するのである。

2. 制度的個別化の考えかた

1) 『制度的個別化』の構成

"制度化された（計画された）個別化"を展開する前提となっている「サービス水準の設定」および「顧客ターゲットの明確化」は，固定的なものではなく，絶えず検討を加え，修正することが必要とされる。

具体的な対応は，「標準化された部分（＝組織的サービス）」と「標準化されない部分（＝個人的サービス）」との"組み合わせ"によって行われる。

前者は，「ルーティン（作業手順）」がつくられ，さらに一般に「マニュアル（作業基準を明示したもの）」が作成され，"組織としてのサービス"として位置づけられる。これに対して後者は，サービスの提供に直接かかわる人びとの"個

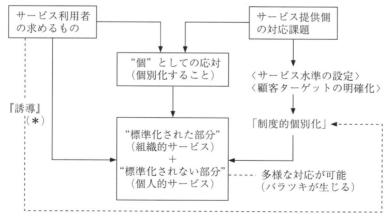

(＊) 「誘導(Induction)」：人間の欲求を充足させる現象・目標そのもの，および充足するための方法・手段を"変換させる"ために外部から働きかけることを意味し，状況設定や刺激を準備することによって，"自発的に変換させる"ことをいう。

図 13-1．「制度的個別化」の概念図式

性"に負うところが多く，経験・知識・性格などが関係しているのであり，対比的に"個人的なサービス"と称することができる（図13-1）。

2）「標準化された部分」の性格

対応全体に占める「標準化された部分」の割合が多くなればなるほど，対応は安定し，どの客についても，どの従業員の場合でも，共通性の高い対応ができやすくなる。マニュアルによる従業員訓練を徹底することによって，すべての利用客に対して"同様に（同程度まで）個別化する"という"やりかた"を事業の特徴とすることも可能である。

実際にも，1970年代から日本で急速に展開されるようになって飲食サービスチェーンや80年代以後に登場した娯楽・遊園地事業などにおいては，利用客に対する"迅速かつ丁寧な応対"を組織化することによって，多くの支持者を獲得することに成功を収めてきている。

しかし，一方にはさまざまな問題がある。まず，サービス提供に関する条件との関連からみると，「標準化された部分」の割合を大きくした対応が有効性をもちうるのは，一般に対人接触時間（提供・利用時間）が短い場合であり，基本的に「機能性優位型」のタイプにおいてなのである。それは，対人接触度が高い場合の，"多様な対応と反応の組み合わせ"までを標準化することには限界があるだけではなく，それを組織化する必要性はあまりないからである。

逆にいうと，いわゆる"マニュアル型応対"は，"不特定多数が利用し，対人接触が限られている"機能性主体のサービスにおいて，"組み合わされている情緒的サービス"を効果的に活用するための一方法として，登場してきたと考えることができるのである。

さらに，"決まっているやりかた"に対して，慣れ・飽きが生じるということがある。"標準化された部分が多い"ことは，一定の活動・やりかたが常に"ある"ことを示しており，そのこと自体は"普通のこと"として受けとめられるようになると，積極的評価の対象となりにくいだけではなく，同じことの繰り返しとして，利用者側に"反発"を感じさせる場合もありうる。

2. 制度的個別化の考えかた 155

いわゆる"マニュアル型応対"には，多くの特徴があるとともに，有効性を発揮するための条件があることを理解する必要がある。

3)「標準化されない部分」の性格

「標準化されない部分」の割合が大きな対応とは，サービスの"やりかた"とくに利用者に対する"個別的対応"の適否を，提供に直接あたっている人に依存していることを意味している。このような対応は，歴史的にも，人を介してなされるサービス（狭義のサービス業）の中心を占めてきたのであり，現在においても，いわゆる「ホスピタリティー・ビジネス（人的応対を不可欠な要素とするサービス業）」においては，提供に従事する個人の"やりかた"が全体評価に影響する度合いは大きい。

「標準化されない部分」の最大の特徴は，人が人に対して直接対応しうるという点にあり，状況をふまえて，相手側（利用客側）の反応をとらえながら，"コミュニケーションの過程"として効果的な対応ができることにある。一部の旅館やレストランなどにみられる"個々人の好み等を考慮し，その人に適したやりかたをすること（＝もてなし型のサービス）"には，個人的なサービスが多用されており，人間ならではの個別的対応を表現しようとしている。

しかし，このような"個人的なサービス"を多用し，その部分に大きく依存することには，別の基本的な問題があり大きな欠点ともなってくる。それは，対人サービス労働を担う人材の確保が困難であるという現実の雇用問題に関係したことだけを意味しているのではない。

基本的な問題としてあげられるのは，個人に依存する度合いが高いということは，利用客に対する"やりかた"に，直接提供に従事する人びとの経験・知識・持ち味などによる"バラツキ"が生じるということである。

この"バラツキ"は，規模的に小さく，従業員の"やりかたの多様性"が利用客からも十分に認知される場合，また，繰り返しての利用経験があり，"わるい"と感じられることがあったとしても，そうではない場合もあることが理解されているために全体評価には直結しない場合などでは大きな影響はもたない。

これらは，"個性"や"その人・その場面"の問題とされうるからである。

しかし，ホテル・旅館など利用頻度が少ない場合，他の業態と対比されて"丁寧な応対"が期待される場合（スーパーマーケットに対比されるデパート利用，一般飲食店に対比したレストラン利用など）などでは，"バラツキ"は評価に直接影響を与えるのであり，そこに示された"やりかた"を対象として利用者は最終評価を行うのである。

このように，「標準化されない部分」の割合が大きいということは，提供者側・利用者側の双方からみて，"サービスの安定性"に欠ける面があることを意味していることは事実なのである。しかしながら，このことは，「標準化されない部分」である"人間的なサービス"の役割をなんら否定するものではない。人間に満足を与えうるのは人間の行為なのであり，「個別化」を実践しうるのも人間のはたらきである。問題は，どう位置づけるであり，さらにまた，"人間的なサービス"を担うことのできる人材をどう育成するかなのである。

サービス提供事業の共通課題は，サービスの"やりかた"とくに"個別化"の展開において，できるだけ「標準化された部分」の占める割合を大きくすることであり，標準化を図る対象を，「動作のしかた」「手順」「話す内容」などの"対応のやりかた"の部分から，「姿勢」「話しかた」などの"対人応対の基本"へと広げていくことである。

『制度的個別化』においては「標準化された部分」を中心とし，カバーしえない面について"個人的サービス"を積極的に活用するという考えを基本とする必要があり，また，"サービス・マインド（利用客に対応する心がまえ）"を，個々人のレベルの問題としてではなく，組織として確立するための取り組みが求められる。

第14章　観光関連事業とサービス（1）
――「サービスの性格」と「課題」――

　本章および次の15章では，11章～13章で説明した「サービス理論」に基づいて，宿泊業をはじめ，観光に関連する諸事業におけるサービスの特徴や問題点について説明し，サービス評価の基本的仕組みについての理解を深めるとともに，観光行動にかかわっている事業を，サービス利用・提供という観点から考察する。

1．「サービスの性格」と経営課題

1）宿泊業における『旅館型』と『ホテル型』

　"サービスの性格"は，業種によって，さらに同一業種の中でも業態によってかなり異なっており，それは基本的にサービス提供の「条件」の違いによるものであることは，すでに述べた通りである。

　宿泊サービス業において，日本的な伝統をもつ『旅館型』は「一般に"もてなし型〈13章155頁参照〉"のサービスを提供する（提供できる条件を有する）宿泊業であり，情緒的サービスのウェートが高いことが特徴である。

　これに対して，西欧型の近代的宿泊業として発展してきた『ホテル型』は，「基本的に，レベルの高い機能的サービスを中心として，"非もてなし型"のサービスを提供する宿泊業」として位置づけることができる。20世紀初頭から展開されてきた"近代ホテル"は，利用する人のすべてに，同等な便利さと快適さを提供することを目指してきたビジネスであって，ホテルにはさまざまな機能的サービスが"ある"ことは広く認められているところである。

　『旅館型』と『ホテル型』とでは，提供している"サービスの性格"が基本的に異なるが，同時に，それぞれのサービスに対する"評価のしかた"も違ってくる。それは，多くの人びとがそれぞれのサービスに対して，"異なる期待"をもっているからである。

宿泊業に人びとが何を"期待しているか",何をもってサービスの"よい・わるい"を語っているかを,さまざまな資料(アンケート調査,苦情・礼状等,各種の投書など)から分析すると,プラスの評価はいずれの業態においても,「人的サービス」から生じている場合が圧倒的に多いことが認められている。そして,人的接触の機会が多く・長いことからみて当然の結果ともいえるが,『旅館型』は,この面でのプラス評価に関しては『ホテル型』を大きく上回っていることが認められる。「もう一度泊まってみたい宿」について書かれた葉書エッセー(1985年実施,回答者1871名)の内容分析を行ったところ,旅館側の条件として記述の多かった項目は,「料理」に次いで「サービス」であり,サービスの中では,"客室係(メイド)"について述べられていたものが多い。

これに対してマイナスの評価は,『旅館型』と『ホテル型』とでは,かなり"発生源"が異なっている。『旅館型』の場合には,送り迎え,応対のしかたや言葉づかい等に関して,"当然あるはず"と思っていた「情緒的サービス」がなかったことについてのものが多くみられ,「期待」と「実際」とのギャップが認められる。しかし,施設・設備面や清掃・騒音等を手がかりして,機能的サービスのレベルが「要求(期待)」よりも"低かった"ことに対する不満も年を追って増大する傾向がある。

『ホテル型』においては,機能的サービスのレベルが,価格や"知名度"との関係から期待していたものと比較してどうであったかが評価のポイントとなっており,『旅館型』の場合のように,情緒的サービスがなかったことそのものが,マイナス評価の対象となっている例はほとんどない。しかし,「よい」という積極的評価にかかわっているのは,高度な機能的サービスの提供とともに,それに"見合った人的応対"であり,情緒的サービスとの組み合わせが求められている。

『旅館型』の場合には,機能的サービスに組み合わせる情緒的サービスによって総合評価がなされやすいのであり,情緒的サービスをいかに効果的に加えるかが,よい評価を得るためのポイントとなる。しかし,情緒的サービスを組織

1. 「サービスの性格」と経営課題

的に高度化することにはかなりの困難が伴う。それは，前章で述べた通り，情緒的サービスの良否は，対個人的応対の適否と結びつきやすいからである。いわゆる"高級旅館"とされているところが一般に規模が小さく，「女将(おかみ)」と称される"キー・パースン"が，顧客応対の重要な部分を受け持っていることの多いのは，この理由によるものである。

そして，規模の拡大を図ろうとして，組織化することの困難さから，情緒的サービスの水準が低下してしまう場合には，『旅館型』の特徴のない中途半端な宿泊施設となってしまう危険性がある。

『ホテル型』においては，価格等に見合った一定以上の機能的サービスがあることが，評価の対象となるための必須の条件なのであり，評価は機能的サービスの水準に"比例する"傾向がある。しかし，"よい"という積極的評価は"人的応対の適否"から生じることが多いのである。

宿泊業における「サービスの性格」と"期待と評価"の一般的関係をまとめてみると，『ホテル型』よりも『旅館型』の方が，評価が多様性をもっていることが認められる。それは，個々人によって受けとりかたと評価が異なってくる

表 14-1. 「サービスの性格」による"期待と評価"の違い

〈宿泊サービスについて〉

タイプ	サービスの"組み合わせ"		評価のパターン(*)	
	機能的	＋ 情緒的	『旅館型』	『ホテル型』
1	低いレベル	＋少ない	－	－
2	低いレベル	＋あり(普通)	－，±	－
3	低いレベル	＋あり(高度)	－，±，＋	－
4	標準的レベル	＋少ない		±
5	標準的レベル	＋あり(普通)	±	±
6	標準的レベル	＋あり(高度)	±，＋	±，＋
7	高いレベル	＋少ない	－，±	±
8	高いレベル	＋あり(普通)	±，＋	±，＋
9	高いレベル	＋あり(高度)	＋	＋

(＊)　＋："よい評価"，±："普通"，－："わるい評価"を示す。

情緒的サービスのウェートが高いことによるものであり，時と場合そして，利用者によっては，機能的サービスが低い水準であっても満足を感じる（感じさせる）こともありうるのである（表14-1）。

2）「サービス類型」と基本的課題

宿泊業の場合だけに限らず各サービス業は，提供する（提供しようとする）"サービスの性格"によって，事業を継続させ，発展させるための基本的課題が異なっている。それは，それぞれのサービス事業に対して，利用者側が期待し，評価するものが同様ではないからである。

問題を整理するために，前章で示した①「サービスの基本タイプ（『機能性優位型』と『情緒性優位型』）」を基本におき，これに②「利用者類型」と③「標準化の度合い（『制度的個別化』の展開において「標準化されたサービス」の占める割合）」を加えて，サービスの"類型"をつくってみる。

②「利用者類型」は，価格と質との関係を中心に，『一般（大衆）志向』と『限定（高級）志向』とに区分する。この区分は，あくまでも対比的なものであり，後に航空会社に関して述べるように，かつては"高級"に位置していたものが，後には"一般"に変わることも当然ありうる。また，対象となる利用者の"数"は，「サービスの基本タイプ」そのものに関係している条件の1つでもあるが，"価格と質"に対する志向区分として，独立させて扱うことが適当と考えられる。

③「ウェート（標準化の度合い）」は，「標準化されたサービス（組織的サービス）」の占める割合が，"高いか・低いか"という相対的な区分である。

これらの3つの基準（各2区分）を組み合わせると，8つの類型がつくられることになり，すべてのサービス事業は，"理論的には"このいずれかに含まれるのである。

ただし，機能的サービスのウェートが高く，一般（大衆）志向であることを基本的条件としている「公共サービス」は，この類型とは別に扱うのが適当であるので，次の章で一括して取り上げることとする。

1.「サービスの性格」と経営課題　161

したがって，これらの類型は，利用者が"自由に選択することのできるサービス"に関してであり，"基本的課題"としての記載内容も，民間企業であることを念頭においてのものである（表14-2）。

表 14-2．サービスの「類型」と"基本的課題"

類型	①基本タイプ	②利用者類型	③ウェート*1	「サービスの性格」を維持し，改善・向上を図るための"基本的課題"となるもの*2
A	機能性優位型	一般（大衆）志向	高	マニュアル整備とマニュアルによる従業員訓練が不可欠。施設面の改良を絶えず図ることが求められる。
B			低	従業員は各自がルーティン・ワークをこなせる技能をもっていることが求められ，要所にはベテランが必要。施設面での整備も重要となる。
C		限定（高級）志向	高	マニュアルの整備とその高度化が大切であり，マニュアルによる従業員訓練の徹底が不可欠。組織的に対人サービス部門の位置づけが必要。
D			低	施設面での高度化とメンテナンスが重要である。要所要所にベテランの配置が必要であり，全体を統括する人物の役割が重要。
E	情緒性優位型	一般（大衆）志向	高	従業員教育が重要であり，とくに一般的な接客マナー教育がポイント。顧客誘致のための活動を定期的に実施することが必要。
F			低	組織としてのサービス方針を社員に徹底させることが大切であり，共通する"ムード"が大切。統括者にはベテランが不可欠。
G		限定（高級）志向	高	従業員教育の徹底が不可欠であり，技能面での高度化がポイント。顧客管理の制度的な確立が求められる。
H			低	従業員の教育・訓練の高度化が重要であり，各人の知識・技能向上のための援助策が必要。全体を統括する人物の資質がカギをにぎる。

*1 「標準化されたサービス（組織的サービス）」の占める割合を意味している。
*2 "選択の自由度"の高い，純然たる民間企業の場合を例示してある。

一般には，宿泊業の中でのホテルは「G型」を中心としており，旅館とくに"高級旅館"は「H型」に属しているが，ホテル型・旅館型ともに他の類型での営業も可能である。利用・選択の自由度の高い飲食サービス・宿泊サービス・流通サービスは，基本的にどの類型においても成立しうるのであり，それぞれ"課題"となるものが異なってくるのである。

観光に直接かかわる旅行業は，"機能的には"情報サービスの中に含めることができるが，営業形態的には流通サービスと同様な性格も有しており，類型としては「A」から「D」のいずれかに属していると考えられる。

交通関係の各事業は，基本的に公共サービスとしての性格をもっているが，利用・選択に随意性の高い場合（航空機，タクシーなど）には，同様に「A」から「D」のいずれかの類型に近く，"基本的課題"は，利用者から積極的評価を得るために取り組む必要のある事柄として位置づけることができる。

人間の生活に密接な関係をもつ飲食サービスは，多様な形態での成立が可能であり，すべての類型が実際にも存在している。歴史的にみても，その中心となってきたのは「F」であり，規模が小さい場合には，経営者（従事者）自身の力量と持ち味が成果に直結しており，"経験"が大きな位置を占めている。

飲食サービスを含めて，対人サービスにおいて一般に"高級"とされるのは「H」であるが，ここでは従事者の力量と持ち味がすべてであり，"個人的なサービス"によって「個別化」が図られるが，従事者そのものに大きく依存しており，サービス事業としての規模を拡大することはきわめて困難である。

飲食サービスにおいて，チェーン展開によって1970年代以降，急速に成長した外食業は，基本的に「A」の類型に属している。新しい機能的サービスをつくりだし，広く一般を対象に，標準化された顧客対応（いわゆるマニュアル型サービス）を特徴としてきたのである。この類型に属するサービス事業が，同タイプのサービス提供を維持し，発展させるために基本的に必要とされることは，「マニュアルの整備と，（それを徹底させるための）従業員訓練」である。一方においては，機能的サービスを維持するものとしての「施設面での改良を絶え

ず図ること」なのであって，常に時代の先端をいく"新しいもの"であることを，広く一般にアピールし続けることが必要とされるのである。

逆にいえば，このような経営管理技法を導入・活用することに成功したからこそ，急速なチェーン展開が可能であったといえるのである。

しかしながら，このようなタイプも次第に"伸び悩み"を示すようになる。急激な成長とともに競争が激化したことの影響も当然あるが，新しく導入されたサービス方式の新鮮さが薄れるとともに，機能的サービスのウェートが高いだけに独自の特徴を確立しにくくなってきたことも見逃せない点である。

このような状況を打破することを意図して，異なるタイプの事業所（店舗群）を開設することが試みられており，類型「E」を目指している場合が多い。

「A」と「E」とは共通性の高いタイプであるが基本的な違いがあり，類型「E」は，情緒的サービスのウェートを高めることによって，特徴のある個別的応対を可能としようとするものである。しかし，そのためには，サービスの提供に従事する一人一人が，利用客に接し，個別的対応ができうる状態をつくらなければないないのであり，課題としてあげられている「マニュアルに基づく訓練（類型A）」と「一般的な接客マナー教育（類型E）」との違いが，サービスの性格を変えるために必要とされる条件を示している。

2. 観光関連事業におけるサービスの性格

1） 旅行業

旅行代理業の誕生をもって近代観光の始まりとするのが一般的な観光発展史の考えかたであるが，それは情報伝達を中心として，観光を媒介する専門機能がビジネスとして成立したことを意味している。

近代観光の発展に大きな役割を果たしてきた旅行代理業は，観光の一般化の過程において多様化し，その地位と役割にも変化が現れてくる。

観光関連事業とのネットワークを確立し，「旅行商品」の企画・販売を一貫して行う"総合旅行業"が出現する。さらには，観光対象の開発・管理，交通網

の整備をはじめ，国内はもとより世界中の観光に関する情報ネットワークを構築した"大旅行（情報）会社"も登場している。そしてその一方には，全国各地の観光需要に対応する小規模の代理業が数多く存在している。

　長い時代にわたり，旅行関係企業が"独占"していた感のあった観光に関する情報は，観光そのものの一般化によって各国・各地からの"直接伝達（宣伝・PR等の活動）"が飛躍的に増大した結果として，多くの人びとが"無料で容易に"入手できるようになっている。また，電話だけではなくファクシミリなど通信技術の高度化によって，個人情報を自ら直接に観光地側に伝達することも容易となり，予約等の手続きに関しても独占の時代は完全に終わっている。

　旅行に関する情報の"独占"は，ある意味では専門家に対する"信頼"にも結びついていたのであるが，観光地に関する情報は一般に"公開"され，予約に関しても，利用者自身がある程度までは直接に行いうる現代では，この面で信頼をかちとり，予約等の依頼を受けるためには，人びとの"ニーズ"に応えた専門性が必要とされることになる。

　「イメージ」を扱った章において，旅行業に対しては"機能的サービス中心のイメージが強い"ことを紹介したが，情報収集と伝達というサービス提供を基本とするビジネスであるとみるならば，それは当然のことといってもよい。

　しかしながら，旅行に関する情報を"商品として"販売しているという営業の実際からみた場合，他のサービス業と同様に，機能的サービスの水準とともに"やりかた"が問われていることを理解しなければならない。つまり，消費者に対する旅行に関する情報の"示しかた"の適否によって，それぞれ旅行業者の全体が評価されているのである。

　旅行業は，サービスの「類型」としては「A」から「D」のいずれかのタイプであると述べたが，一般に「D」から「B」へ，さらに「A」へと移ってきたとみることができる。それは，ベテランによって多様なニーズに柔軟に対応することのできる状態から，マニュアルに基づいて組織的に対応する体制へと変わっていったことを意味している。

2. 観光関連事業におけるサービスの性格　165

　このこと自体は，"サービスの性格"と"課題"との一般的関係を示しているのであるが，問題となるのは，ファーストフーズ購入の場合と旅行業を利用する場合とでは，消費者側の条件が大きく違うという点である。

　旅行とくに観光に対する人びとのニーズは多種多様であり，"どこへ・何をしに・どのように"といったことに関して，明確に意思表示できない場合も多い。これらに対して"標準化されたやりかた"だけによって対応することに限界があることは明らかなのであり，「B」や「D」の類型も当然必要となるのである。

　旅行業における「サービスの性格」の問題は，同時に旅行業の機能と役割をどう理解するかという問題に通じているのである。

2) 航空会社

　航空会社は交通サービスの一部であり，基本的に「公共サービス」としての性格をもっているが，利用の随意性もあり，とくに国内では近年，1つの路線を複数会社が運行する場合が多く，選択の自由度は比較的高いといえる。国際路線においては，価格面を中心とした競争が激化しており，航空会社よりも，価格と路線（コース）が主たる選択対象となる場合が少なくない。

　航空会社は，サービスの「類型」としては，「A」から「D」のいずれかに属すると考えられ，歴史的にみると，「D」→「C」→「A」へと移ってきており，航空機の安全性向上と大型化，そしてこれらを理由とする航空機利用の一般化と密接な関係がある。

　客室乗務員に関していうと，1930年に世界最初の"スチュワーデス"となったのは，看護婦の資格をもったベテラン女性であった。ごく限られた乗客に対して，乗り物酔いの場合の処置を含めて，個別に臨機応変に対応する役割を担っていたのであり，基本的に「D」の段階である。

　1960年代にはいると，航空機はかなり大型化され，安全性も向上した結果，国際線だけではなく国内においても，長距離間移動の手段としての利用が急速に進み，それに応じて大勢の"スチュワーデス"が活躍するようになる。

　安全性の確保を厳密に行う必要があるため，すでにこの時点において応対の

標準化も進められていたが，利用者の絶対数はまだ限られており，個々の応対の時間的余裕も現在とは比較できないほどあり，客室乗務員をはじめ従事する女性社員は，"優雅さとスマイル"を当然のように期待されたのである。この段階が「C」である。

そして，1970年代半ば以降には，航空機の超大型化（ジャンボ機の就航）と観光旅行大衆化の進展によって，航空機利用は飛躍的に増大するようになる。外国へ旅行する日本人は，1980年代後半から"円高"の影響もあって急増するが，ジャンボクラスの就航によって積載力が増大したことを大きな理由とする低価格な海外旅行そのものは，すでに70年代終わり頃から登場している。

この時期以後，航空会社の「サービスの性格」は次第に「A」にシフトしていくことになる。とくに国内線においては，利用者の数，人的応対時間の短縮などから，ならざるをえなかったともいえる。

しかし，サービス提供条件の変化がひとつのきっかけとなって，航空会社における利用客対応そのものが変わりつつあると考えられる。国内線に比較するとはるかに時間的余裕のある国際線においても，いわゆるマニュアル型の応対が主流となる傾向にあり，利用者を人的応対によって個別化することを目指した段階から一転して，誰も個別化しない（逆の個別化をしない）ことを意図した応対へと移行する傾向としてとらえることができる。

航空会社は，公共交通機関の1つとして，サービスがさらに機能性優位型としての性格を強めることは，利用者や機会の増大から見て当然ともいえるが，そうであるならばこそ，"やりかたの適否"はさらに大きな意味をもってくるのであり，利用客のすぐそばにいる提供者側の人間としての客室乗務員やカウンター係員の応対態度は印象形成に影響を与えることになる。そして，客室乗務員の"スマイル"は，乗客が一般に抱いている"安全に対する軽い不安"を取り除く効果をもっているのであり，その意味では，情緒的サービスであるよりも，機能的サービスそのものであることを理解する必要がある。

第15章　観光関連事業とサービス（2）
——「公共サービス」「サービス価格・商品」——

1.「公共サービス」の基本的性格

1)　観光行動と「公共サービス」

　観光行動に対応する観光関連事業には，ホテル・旅館等の宿泊業をはじめ，飲食業，物品販売業，娯楽施設業そして旅行業など，純然たる民間企業によるものが多いが，さまざまな公的あるいは半公的機関によって設置・運営されている事業も数多い。出入国に関する管理や税関審査を国家が直接担当していることはいうまでもないが，対外観光宣伝を担当しているのは，多くの国において政府機関または準政府機関（NTO＝National Tourism Organization）である。

　外国との定期的往来の主たる交通手段である国際航空は，直接国家によって運営されている例が多く，後に述べるように民間企業であっても，国家の監督下に置かれているのが通例である。国際交通機関だけではなく，国内交通機関を担当している民間企業体の場合も行政機構の監督・指導を受けているのが一般的であり，観光行動の基本である"移動"にかかわる事業は基本的に"公共サービス"としての性格をもっている。

　宿泊業は民間企業が中心となっているが，わが国の場合には，「国民宿舎」「国民休暇村」「ユースホステル」をはじめとするさまざまな"公的施設"もある。さらに，行き先(国・地域)での行動対象となるものについてみると，文化・レクリエーション施設である「博物館・美術館等」の主要な部分は，国あるいは地方自治体の管理・運営によるものであって，"観賞"にかかわりのある事業もまた"公共サービス"としての性格をもつ場合が多いのである。

　したがって，観光行動をサービス利用の面からとらえる場合，公共サービスを除いて論じることはできないのであり，各種の公共サービスを提供している事業体を観光関連事業として位置づける必要がある。

2)「公共サービス」とは

基本的に,「公共サービス」とは,「公益事業によって提供されているサービス」を意味している。

公益事業学会は,「公益事業とは,我々の生活に日常不可欠な用役(＝サービス)を提供する事業」であると規定している。この規定に,すでに述べてきた「サービス理論」を"重ね合せ"てみると,「公益事業とは,きわめて一般性の高い機能的サービスを提供する役割を担っており,国民生活に欠くことのできないサービスを社会に安定的・継続的に円滑に提供することを目的とした事業(体)である」と説明することができる。

一般に公益事業によるサービス提供(＝公共サービス)は,次の諸点を運営の原則とすることが求められている。

① すべての利用者を平等に取り扱うこと。
② 利用者および利用を望むすべての人びとを対象として行われること。
③ 事業側の都合だけによって停止や廃止されることなく,安定的かつ継続的に行われること。
④ "適正な料金"によって提供されること。

そして,公益事業による"公共性の高い機能的サービス"は,その社会的重要性に鑑み,法に基づき,"独占的に"大規模一括性を伴って提供されるのを原則としているのである。

しかしこのことは,「類似性の高い便益を提供してくれるさまざまな事業・活動の中から,それぞれが必要であり,かつ,"好ましいと思われるもの"を自由に選択する」というサービス利用の現代的特徴とは合致しないのである。つまり,利用者側としては,(類似性・共通性のある他のサービスを)選択することが困難あるいは不可能なのであり,この面からいうと,「公共サービスは,選択の余地の限られた機能的サービス」ということになる。

このような"サービスの性格"に関しては,提供する主体が行政機関あるいは公共事業体であろうとも,民間企業の場合であっても,"公益事業体"として

の地位と役割とを有しているならば，（少なくともサービス理論的には）すべて同等なのである。

3）（交通機関などの）"民間型公益事業"におけるサービスの性格

しかし，行政や地方自治体などの純然たる公益事業の場合と，交通事業・通信事業やエネルギー供給などに携わっている"民間型公益事業（料金の設定等に関して行政の許認可を必要とする収益事業を営む公益事業）"の場合とでは，提供している機能的サービスの性格に関しての共通性はあるものの，全体としては異なる面がある。

それは，"純然たる公益事業"の場合には，利用者からの評価と"業績"との関係は直接的にはとらえにくいために，「サービスの改善・向上」に関して積極的ではない場合があることも十分に予想される点である。すでに説明したように，提供するサービスに対して"よい評価"を得ようとするならば，機能的サービスの向上を図るとともに，情緒的サービスの有効な活用を図るための努力が求められるのであるが，「機能的サービスの提供に専念することこそが任務」といった"悪しき伝統的観念"が残っている結果として，応対面での改善が遅れることがあり，さらに機能的サービスそのものが"独占的であるため"に改善が図られにくいという問題も生じやすいのである。

これに対して"民間型公益事業"の場合には，利用者から"よい評価"を得るために多少なりとも努力を払っていることは明らかに認められる。

交通機関についてみると，かつては"たまに出会った"冷房車両も，現在では"あるのが当然"と感じられるようになっているなど，鉄道各社が機能的サービスの水準向上に継続して力を注いできたことは確かなことである。民営化以後，JR各社は機能的サービスの向上とともに，職員の接客態度の改善など情緒的サービスの向上に積極的に取り組んできたことは十分に認められ，その成果にも顕著なものがある。

航空会社各社は，手続き等の迅速化を図るとともに接客応対に努めており，さらに，タクシー会社においても，接客マナーの向上に多年にわたって全社的

に取り組み，成果をあげている例もみられる。

4）"選択できないこと"に対する不満

しかしながら，これらの"民間型公益事業"におけるサービス改善・向上に対する具体的な取り組み等には疑問な点も少なくはない。その理由の1つとして，提供している"サービスの性格"の理解のしかたに，提供者側と利用者側との間に"ギャップ"があることを指摘できる。

交通関係事業をはじめとする"民間型公益事業"が，全体的にみれば公共性の高いサービスを提供しているということは疑いのないところであり，この点は社会的にも理解されていると考えられる。しかし，その本体となっているのが"選択の余地のない（少ない）"機能的サービスであるということを理解しなければならないのである。つまり，その改善や高度化は，提供された当初においては評価されるとしても，やがては"あるのは当然""この位は当り前"と受け止められるのであり，そして不満があったとしても他を選べないという"条件"をもっているのである。

そしてまた，"民間型公益事業"の場合，事業を構成している一連の活動の中には，物品販売をはじめとする"純民間型"の活動もかなり含まれているのであって，それらの個々の活動は公共サービスではないのである。たとえば，駅の構内や空港施設内にある飲食施設や売店であり，高速道路休憩施設（サービスエリア）内の飲食店等もそれに該当する。これらは，"純民間型"の活動ではあっても，他のものを自由に選択することはできないために，不満が生じた場合には，全体としてのサービス体制に対する不満や批判に結びつきやすいのであり，「JRは……」「高速道路は……」などといった言いかたがなされるのである。

"純然たる公益事業"の場合にも同様なことがいえる。役所が証明書や書類を作成すること自体は，外では提供・利用することのできない機能的サービスであるが，それにかかわる係員の応対部分は，民間の活動と対比しうるものなのである。提供側は応対部分までを含めて行政サービスとしているとしても，利

用者側は"はたらきの部分"と"やりかたの部分"とを分けて認知することができるのであり，"やりかたの部分"がよくないと感じる時には，全体としての"役所仕事"に対して低い評価を与えることになるのである。このことは，公的宿泊施設においても，博物館等においてもあてはまることである。

"純然たる"であるか"民間型"であるかにかかわらず，公益事業が提供しているサービスには，本質的に代替性がない（乏しい）と考えられている部分と，代替性がある（高いはず）と感じられている部分とがあるのであり，この構造についての相互理解が不足しているのである。

5）「公共サービス」の改善・向上課題

交通サービスに対する利用者の"不満"を分析すると，利用頻度の高い人に多い「日常型不満」と，利用頻度の低い人にみられる「非日常型不満」とがあることが分かる[*]。

一般に「日常型不満」は，機能的サービスの水準に関するものが中心となるが日常的には表面化しにくく，調査などによって把握されることが多い。それは，不満があったとしても"利用せざるをえないサービス"だからである。

これに対して，「案内表示がわかりにくい」「(駅員など)係員の応対がよくなかった」などの不満の大部分は，初めてあるいはたまたま利用した人を含む"非日常的利用者"から生じている。このような不満は，「抗議」「投書」などの形で表面化することがあるが，一方では，感謝・賞賛などの"声"として評価を寄せることの多いのも"非日常的利用者"なのである。それは，新しい体験が強い印象をつくることを示しており，観光者心理と基本的に同じなのであり，さらに，自分自身の満足・不満足によって全体が判断されるという，サービス評価の本質を示しているのである。

日常型・非日常型ともに「不満」としてあげられる項目には"人的応対"に関するものが多く，鉄道の場合には「改札係の態度」「案内放送のしかた」につ

(*) 社団法人日本能率協会実施の『利用者からみたサービス評価調査』，著者が不定期に実施している『サービス調査』および各種新聞に掲載される「投書」を資料としている。

いての不満・批判が上位にあげられている。このように，交通サービスのように機能的サービス中心の場合であっても，そこに加えられている情緒的サービスが評価に影響していることを示しており，人的応対の適否が大きな位置を占めていることが認められる。

とくに重要な意味をもつのは，客側から何かを尋ねられた時の係員の応対のしかたである。「わからないから」「困っているから」こそ尋ねているのであって，尋ねられたこと対して"どれだけ感じよく応対し""どれだけ援助することができるか"によって，利用者の満足と評価は決まってくるといってもよいのである。

このことは，観光案内所での応対をはじめとして，各種の関連事業における"窓口相談"の場合に，そのままあてはまるのである。とくに観光者心理の特徴となっている緊張感を伴っている場合には，その印象は全体に対するイメージ形成にも強く影響するのである。

情緒的サービスをより重視することとともに，「公共サービス」一般に求められるのは，提供している機能的サービスに対する利用者の理解を高める活動である。どのような目標に向けて，何に取り組んでいるのかを広く社会に理解してもらうための「PR活動（パブリック・リレーションズ）」を伴っていないならば，提供できるサービスも有効に活用されないことになるのである。

さらに，「公共サービスのありかた」について求められることは，すべての仕組みを，"利用者の利便性の増大"という目標に向けたシステムとしてとらえるという"考えかた"そのものの導入である。さまざまな制度的・技術的問題があり，多くの制約があることは事実であるとしても，それらの"制約条件"こそが，目標達成のために是正し克服すべき対象そのものである場合も少なくはないのである。

2. 「サービス商品」「サービス価格」の意味

1) 用法としての特徴

「サービス商品」「サービス価格」というコトバは，基本的に小売業を中心に流通サービスでの用語であるが，近年では観光の領域でも用いられている。とくに前章で述べた「旅行商品」の販売・購買が活発化したことによって多用される傾向にあり，"価格の安さ"をはじめ"トクであること"を強調することによって，販売促進を図る手段とされている場合が多い。

「旅行商品」の価格が安いことは，観光への参加が容易になることであり，この意味での「サービス商品」や「サービス価格」は基本的に歓迎されるものである。ただし，"安さ"や"トク"であることの理由が購入者に明示されていることが求められるのであり，根拠の乏しい・不適正な表示は，公正な取り引きに反するものとして法的に禁じられている。

ここでの問題とするのは，このようなコトバを人びとはどのように受けとめ，どのように評価しているかについてである。

「サービス商品」「サービス価格」は，"サービスというコトバ"の用法の1つのタイプであるとともに，評価の対象となるサービスの類型としての性格を併せもっているものと考えられる。

これらのコトバは，用法分類からみると，いずれも「存在型用法」に含まれるが，同時に，利用者側からは"サービスがよい"という評価に直結しているようにも思われる。しかし，実際には，「サービス商品・サービス価格」などが「ある（存在する）」というだけでは，"よい"という評価は生じにくいのであり，そのことは利用者の用法例からも認められる。

その理由の第1は，「サービス商品」「サービス価格」と称されているとしても，それは基本的に提供する側（販売者側）の主張を示したものであって，利用する側（購買者側）が文字通りに評価しているわけではないことである。「サービス商品」の場合には，"特別に提供されている商品"を意味していると思う

人よりも、"目玉商品"と理解している人が圧倒的多数なのである。

第2に、第1の理由とも関係しているが、「サービス商品・サービス価格」などは、誰に対しても同等に示されているものであり、"ひとつの販売状況"として受けとめられやすいということがあげられる。つまり、一般性のある提供場面における"表示"として理解されうるのであり、利用者である自分に対しての"やりかた"とは直接関係がないために、"よい"という感じは生じにくいのである。

2) サービスの性格分類としての位置づけ

一方、サービスの性格分類としては、「機能的サービス主体の便益供与」の場合と同様な位置づけになる。

用法と"関係"を考察してみると、「サービス商品」「サービス価格」などは"あり・なし"を示しているという点において存在型用法の典型であるが、評価型用法との関係はかなり多様であり、"用法分析"に関する章で説明した1)～3)のすべての関係が認められる〈→12章〉。

つまり、「あることを認め、利用（購入）して評価する場合〈1)の例〉」、「あるのは当然として、最初から評価（品物がよい・安い等）がなされる場合〈2)の例〉」、「ない（サービス商品などが設定されていない）場合、そのことにだけによって"わるい"と評価される場合〈3)－①の例〉」、さらには、「サービス商品・サービス価格などが"ない"ことが魅力であると感じていた店が"バーゲンセール"をやることに対し不満を感じる場合〈3)－②の例〉」などさまざまであり、一般には、1)および2)の例が多くみられる。

3. 「流通サービス」の課題

1) 小売業におけるサービス

観光関連事業には、土産品販売をはじめとする小売業も多く含まれており、ホテルや旅館などの宿泊業もその一部として小売店舗（群）や売店をもっているのが通例である。観光と土産品とが密接不可分な関係にあるように、観光行

動と流通サービスとのかかわりはかなり大きなものがある。また，前章で述べた通り，旅行業も営業形態的には小売業としての性格も有しているのである。

　ここでは，小売業を含む流通サービスにおけるサービスの性格について考察を加えることとする。

　流通サービスは，「モノ」の販売という具体的な活動を基本としているが，それを"どこで""どのようなやりかたで"行うかによってさまざまなタイプがあり，数多くの商品を販売員の応対つきで販売する"デパート型"から，"セルフサービス型"のもの，さらには自動販売機のように販売場面には人間がかかわらないタイプもある。また，宝飾品や呉服に代表されるように，販売に際して販売員による説明と推賞の適否が購買に影響を与えるものから，消費者自身の判断だけで選択・購買するのが普通であるものまで，商品特性による違いもある。

　流通サービスの中でも，最終需要者である一般消費者にさまざまな商品を提供する小売業は，本来的に機能的な面と情緒的な面との組み合わせによるサービスを提供しているのであり，利用客からはサービスのよい・わるいが日常的に評価されているのである。

　組み合わせによるサービスであるために，扱う商品が同一であったとしても"売りかた"による差異がありうるのであり，販売にあたる人びとの努力・工夫などによって，全体としての違いを示すことが可能なのである。さらに重要なのは，その店のサービスに満足した客は，顧客として再度の利用に結びつき，不満足な者は別な店を求めて他へ行くであろうという点である。

　購入者側からみると，商品の購買過程に人間が介在することによって，さまざまな助言をうることができるとともに，購買した商品に関する不平・不満や苦情を述べることも可能となる。逆にいえば，人間が介在する場合には，不満や苦情に積極的に対応することが必要となるのである。

2）流通サービスにおける独自性の発揮

　小売業が情緒的サービスをほとんど組み合わせることなく営業することも可

能であるが，その場合には，消費者からみた店の特徴は機能的サービスそのものに求められることになる。取り扱い商品の種類・価格，修理技術などの専門性，あるいは地域の消費者に対する利便性などによって，他店舗を差別化することが必要とされる。食品・日用品などの場合には，立地がよく，品数の豊富な店の方が多くの消費者から「便利」と評されるのは明らかであるが，便利さはまた別な便利さにとって替わられるのであり，一般小売店の場合，機能的サービスだけによって独自性を保つのはきわめて困難である。

都市の商店街には，店構えや品揃えが同じような店が複数あるのが普通であり，価格にも大きな差異があるわけでもない。しかしその中で，人間がもっている力を発揮し，消費者をそれぞれ個々の客として対応しようと努力しているころは繁盛しており，このような店が多くみられる商店街には活気があることが共通して感じられるのである。

社会生活の密度が高くなり，人間関係でのストレスが強くなっている現在，商店の利用をはじめとして日常的な消費生活における人的接触を好ましいこととするよりも"煩わしいもの"として受け止める傾向がある。しかしながら，"便利中心の店"がトレンドであるとしても，それがあらゆる小売店にとっての好ましい方向とはいえない。中途半端な形での"便利さ"を追い求める結果として，情緒的サービスの重要さを忘れた小売店は，競争に克つための固有の武器を失ったのと同じなのである。

流通サービス業の各企業が，それぞれの店舗の充実を図るために基本的に求められるのは，他のサービス業と同様に，利用客個々への対応を大切にすることなのである。とくに，観光者が訪れる土産品販売店等の小売業においては，"初めて訪れ""何かを発見し・よければ購入してみよう"と思っている人達を対象とする場合が多いのであり，「来店を歓迎すること」「自由に商品の選択ができるようにすること」など，観光者個々に対する関心と配慮とが共通して求められるのである。

第Ⅳ部　観光行動の現状と研究課題

第Ⅳ部の構成

　第Ⅳ部では，わが国における観光行動の現状分析を試み(16章)，観光行動研究における「観光調査」の方法と問題点を説明するとともに観光行動研究課題に関して，方法論的問題を中心として述べている（17章）。

現状分析の視点

　16章の観光行動の現状分析は，それまでの各部・章で説明してきた観光行動理解に関する諸概念と研究方法を総合的に適用することによって，動向および特徴と考えられる事柄を明らかにし，問題点を指摘したものである。

　観光の大衆化によって，自然資源への悪影響をはじめとする広範囲の環境問題，文化資源の破壊，経済格差と生活慣習の違いを主たる原因とする地域社会への影響をはじめ，さまざまな問題が生じている。さらに，経済発展と国際化の進展を背景に観光の国際化が急速に進んでおり，国際観光往来に伴うトラブルの増大は，"観光摩擦"という言葉まで誕生させている。

　観光の社会的な広がりと経済的側面をはじめとする影響力が大きなものとなってきたことによって，観光事象のさらなる発展が期待されるとともに，観光のありかたが改めて問われているのである。

　観光の"新しいありかた"を模索する動きが，近年，世界各国で，さまざまな立場から試みられており，それらは「オルタナティブ・ツーリズム（もうひとつの観光）」，「サスティーナブル・ツーリズム（持続可能な観光）」などと称されている。さらに，自然環境保全を重視した観光を提唱する立場（エコ・ツーリズム），農村環境と観光との調和を目指す立場（グリーン・ツーリズム），文化的資源・施設をはじめ従来は観光との結びつきが重視されていなかった事物を観光に活用すべきであるという考えかた（スペシャル・インタレスト・ツーリズム）なども関心を集めつつあり，これらはいずれも，観光にさらに広がりを与え，観光行動の可能性と多様性をもたらすものと考えられる。

しかしながら、"観光のありかた"を論じるにあたって、忘れてはならないことは、観光は"人間の自由意志"による行動に基づいている社会事象であるという事実であり、現代観光の最大の意味は、多くの人びとが各人の自由な選択によって、一時的に普段の生活を離れて他の国や地域に赴いて、新しい経験をすることにあるのである。

"新しい観光"や"望ましい観光"を論じるにあたっては、何故それが"望ましいのか"について説明することは当然として、それが実際には行われていない理由を分析し、どのような働きかけをすることによって、そのような行動が実現するのかについても説明することが求められるのである。

行動の仕組みに対する分析をふまえて、観光行動の"望ましいありかた"を考えることこそが、観光行動論の視点なのである。

研究視点の明確化と研究方法論の確立

観光に関して、さまざまな角度からの研究が行われてきたにもかかわらず、独自性のある知識体系としての集積が不十分な理由として、まず指摘しなければならないのは"研究視点の曖昧さ"である。

観光に関して、社会現象一般を説明することの一部あるいは延長として、個人的見解を述べることは比較的容易である。それは、社会的安定度・可処分所得水準・余暇時間の量・交通機関の整備状況等が観光という事象を成立させている基本的条件であることは多くの人に共通して理解されやすいからである。

一方、「旅行」そのものが人間の歴史とともに存在し続けてきた現象であることも疑いのない事実であり、人間や社会に関して考察せんとする人びとは、観光についてもある程度までは専門的に"語ること"もできるのである。

また、観光という事象は、それを支えるさまざまな事業の活動によって成立しており、個々の観光行動の大部分はそれらの事業活動の対象となっている。観光に関係する事業活動に従事している人びとは、"接している部分"について、あるいは部分を手がかりとして全体について、それぞれが"語ること"が

同様に可能なのである。

　観光に関して集積されてきた知識のかなりの部分が,「紀行文・旅行記・旅行案内」を含む文学や歴史学,「遊び」や「余暇」に関する人文・社会科学, 観光開発計画や観光地に関する事例研究を含む実践的研究成果等に負っていることは否定できない事実である。しかしながら, 観光についてのさまざまな角度からの"語り"をどんなに集めたとしても, 観光に関する"説明の体系"へと発展させることは不可能なのであり, それは, 基本的に問題を認識し, 分析する視点がそれぞれに異なっているからに外ならない。

　観光事象を, どのような観点からとらえ, どのような方法によって分析せんとするのかという"研究視点"の明確化を図ることが, 観光研究そして観光行動研究の出発点なのであり, そのための方法論的の確立がまず求められるのである。17章後半では, 観光行動研究の方法論的基礎について説明している。

[（第Ⅳ部関係）参考文献]

佐藤　誠『リゾート列島』岩波新書, 1990年

V. L. Smith & W. R. Eadington (Ed.), *Tourism Alternatives*, John Wiley & Sons, 1994

ECONOMIC AND SOCIAL COMMOSION FOR ASIA AND PACIFIC, *Management of Sustainable Tourism Development*, ESCAP TOURISM REVIEW No. 11

UNITED NATION, 1993

石森　秀三「観光による国際貢献」(『観光文化』Vol. 100. 93-7月号掲載, 財・日本交通公社刊, 1993年)

第16章 観光行動の現状分析

1. "他者依存型"の観光行動

1) 観光行動に対する"期待"

　総理府が定期的に実施している世論調査によって，日本の国民が宿泊を伴う観光を行った"動機"をみると，「友人・知人に誘われたから」「家族が希望したから」などの"自分以外の人びとの誘いや要望"を旅行のきっかけとしてあげている割合が一貫して多い。次いで「前から行く予定」「恒例行事として」などがあげられているが，"誰が"旅行に行くことを決めたのかは不明確であり，いずれにせよ，自分自身で計画を考えたという旅行は少ない傾向にあることが示されている（表16-1）。

表 16-1．宿泊を伴う観光をした動機　　〈％〉，（複数回答）

動機のタイプ	1982年 9月調査	1986年 1月調査	1988年 11月調査	1991年 10月調査
友人・知人に誘われたから	32.1	32.8	35.1	32.3
家族が希望したから	31.3	29.8	29.9	31.7
前から行きたいと思っていたから	22.7	29.3	28.9	31.2
旅行することが恒例となっているから	25.7	28.1	25.4	24.4
旅行業者のポスター・パンフレットを見て	3.6	4.7	5.7	5.7
雑誌・新聞・テレビ・ラジオなどを見聞きして	3.1	3.1	4.2	4.9
友人・知人の話を聞いて	6.8	7.9	4.1	4.3
前に入って良かったから	2.7	3.7	4.1	5.1
結婚等"人生の節目"として	1.3	1.2	1.5	1.8

（総理府広報室『余暇と旅行に関する世論調査』各年調査により作成）

「旅行業者の情報」「マスコミの情報」をあげている人は，自分自身で情報を収集して旅行への参加を決めている人達とみることができるのであり，その割合は，6.7％（1982年）から10.6％（1991年）へと着実に増加する傾向を示しているが，全体としてはまだ限られている。また，「人生の節目旅行」を動機としてあげている人は少数派ではあるが，増加する傾向にある。

この調査は，若い人から高齢者までの国民各年代を対象としており，全体的に旅行の計画を"他人まかせ"にしている傾向が認められるのであるが，このことは旅行における同行者の選択にも影響を与えている。

同調査（1988年実施分）から，同行者の"希望と実際"をみると，「家族と一緒に」実際に旅行した人の割合（38％）は"希望している割合（42％）"を下回っており，一方，希望よりも実際が多い同行者として，「職場・仕事関係の人」や「地域やグループの人」があり，誘われて旅行に参加する傾向と結びついている。

2) 希望する行動と「旅行商品」

同じ調査から，宿泊を伴う観光をした場合に旅行先で"してみたい行動"についての結果をみると，次のような傾向が認められる（表16-2〈右頁〉）。

まず，「美しい自然景観を見る」「史跡，文化財などを観賞する」など観光の"伝統的な目的・対象"は依然として根強く，多くの人びとがこれらを望んでいることが示されている。これに対し，「温泉に入る」「のんびりとする」などの休息・休養を求めているものも，（上記の観賞型に）匹敵するほどに多くあげられており，とくに，「温泉に入る」は"希望する行動"の最上位グループの一角を占めるまでになっている。現代観光においても，温泉は欠かすことのできない要素として位置づけられているといえる。

一方，生活水準の向上を受け，1980年代中頃から急速に一般化した，いわゆる"グルメ・ブーム"の影響も加わって，「珍しい料理を食べたり，ショッピングを楽しむ」などの"気晴らし"を求める傾向も顕著になっている。

これらは，現代社会における観光が，平素の生活での緊張を緩和し，明日へ

表 16-2. 宿泊を伴う観光の"旅行先での"行動の意向

〈%〉,（複数回答）

"旅行先での"行動	1982年9月調査	1986年1月調査	1988年11月調査	1991年10月調査
温泉に入る	24.5	42.6	52.3	45.8
美しい自然景観を見る	45.8	52.0	50.4	48.6
のんびりとくつろぐ	41.3	48.2	45.8	44.4
珍しい料理を食べたり，ショッピングをする	27.0	40.1	44.9	41.8
史跡・文化財・博物館・美術館などを観賞する	24.9	27.4	32.0	31.8
家族と一緒に遊ぶ	28.9	26.7	27.2	25.6
大勢でにぎやかに過ごす	14.4	17.5	17.2	15.7
スポーツ・レクリエーション活動をする	12.8	15.7	13.6	13.2
旅行先の土地の郷土色豊かな活動（工芸品造りなど）をする	9.1	8.1	10.6	11.6
旅行先での見知らぬ人との出会いや交流	6.1	6.9	9.0	＊
祭りなどの催しを見る	6.4	6.5	8.2	6.2

（総理府広報室『余暇と旅行に関する世論調査』各年調査により作成）
＊ 「旅行先での見知らぬ人との出会いや交流」の項目は除外されている。

の活力を回復するための手段として，大きな役割を現実に果たしていることを端的に示したものといえる。

次にこの問題を，対象を中高年者にしぼってみてみよう。

社団法人シルバーサービス協会が首都圏に居住する50～70歳の男女約1500名を対象として1991年6月に実施した調査によると，「引退後や老後に旅行をしたい」と考えている人は全体の約85％に達しており，高齢期において旅行を望んでいる人の割合がきわめて大きいことが認められる。

次に「旅行をしたい」と回答した人達について，"希望する旅行のタイプや内容"をたずねた結果は以下の通りである。

第16章 観光行動の現状分析

最も多くの人があげているのは「身近な温泉や観光地に頻繁に出かけたい」であって，2位以下を大きく引き離してトップを占めている。かなりの差があるが，"第2グループ"に位置しているのが「史跡を訪ねるなどの文化的な目的をもった旅行」と「不自由のない"ツアー"に参加する」という対称的なものであり，そして，第3グループとして，「おいしいもの食べ歩き旅行」「豪華客船による旅行」があげられている（表16-3）。

このような調査は一般に，特徴が示されていると思われる複数の旅行タイプを予め設定しておき，その中から該当するものを選択してもらう方式をとっているため，希望されている旅行そのものというよりも，どのようなことに関心が寄せられているかをとらえる手がかりとして結果を見るのが適当である。

希望の第1位にあげられている「旅行」には"3つのやや異なった事柄（あるいは条件）"が一緒に含まれており，それらは"手近な（ところ）"，"温泉や観光地"と"頻繁に"という言葉で表現されている。これらは，本来それぞれ異なる要素・条件と考えなければならないものであり，どの点を最も重視して選択したのかは不明確な結果となっている。温泉を訪れることは，前記したように最近では広く人気を集めているが，以前から年配者に特に好まれる傾向があ

表 16-3. 「シルバー層」の希望している旅行

〈%〉

旅行のタイプ	希望率
身近な温泉や観光地に頻繁に出かけたい	41.4
史跡を訪ねるなどの文化的な目的をもった旅行がしたい	23.6
「ツアー」でサービスが整っている不自由のない旅	16.5
おいしいものを食べ歩く旅行をしたい	7.3
豪華客船による長期旅行をしたい	6.1
ゴルフやテニスなどのスポーツをパックした旅行	3.9

（シルバーサービス振興会『シルバー需要動向調査』〈1991年6月調査〉より作成）

ることは周知のことでもあり、両方の影響がでているものと思われる。

　ここで注目されるのが"手近な"と"頻繁"という言葉の影響である。もしも、これらの言葉が選択に大きな影響を与えていたとすれば、それは、"手近なところへ、気軽に、しばしば訪れる"ことを、中高年層は現在あるいは近い将来において強く望んでことを示している。

　"第2グループ"に位置したものは、現代の人びとが旅行に求めている典型的な2つのタイプとみることができる。ひとつは"学ぶ旅"であり、旅行を通して、知識・教養を高めることを期待していることが示されている。そしてもうひとつは"快適・安楽な旅"で、旅行会社などによって計画され、すべてが準備されている「旅行」に"客として参加したい"という希望が示されいる。

　さまざまな"教養の旅"や"安全・快適な旅行"が「商品」として販売されているのは現代観光の大きな特徴でもあり、若い人びとではなく、中高年層がこのタイプの旅行を希望するのは当然であるともいえる。このことに関連して大きな意味をもってくるのは、それぞれの生活慣習や好みにうまくマッチした内容の「旅行」であるのかをよく見極め、選択できる力をもった中高年層が増加しているのか（増加する傾向にあるのか）ということなのであり、一方には"よい旅行商品"とは何かというより基本的な問題がある。

2. 外国旅行における行動傾向

1) "日本的な安全・快適"への執着

　1980年代後半以後、外国へ観光を目的として出かける日本人が急増していること、その構成の変化などについてすでに述べた通りである〈→第5章〉。

　外国への観光旅行に対する「態度・要望」を各種の調査・資料に基づいて分析すると、積極的態度（外国にぜひ行きたいと考えていること）をもつ人は、性別では女性に、年齢別では低年齢層に、学歴別では高学歴者層に、それぞれ多いことが共通して認められている。このような傾向は、実際の出入国統計に明らかに示されている。

外国旅行における「行先地（国・都市等）」として"望まれる条件"を分析すると，なによりも「安全・快適性」を重視する人が圧倒的に多く，これに対して，「変化性（日本とは違う面との出会いなど）」をより重視するという考えかたを示す人は少なく，若い男性においても15%程度となっている。もとより，「安全・快適性」は旅行における重要な条件であり，それを軽視してよいことはありえないが，それのみが過度に求められている傾向がある。一例として，「（外国旅行における）利用希望ホテルの条件」に関する調査結果によると，最上位を占めたのは「部屋がバス付きであること」であり，「盗難の心配がないこと」がこれに続いていることが示されている。

「部屋がバス付きであること」を求めることが即贅沢であるというのではないが，この条件を満さない施設の方が，世界にはるかに多いという事実を理解しておくことは必要である。ちなみに，ヨーロッパのオランダの場合，全宿泊施設の約4割はバス・トイレ共用の低廉な施設なのであり，バス付きは標準的な必須の条件とは考えられてはいないのである。

「盗難の心配がないこと」を希望条件としているのは，まさに"安心を金銭で買う"といった考えの表れであり，責任を他に求める傾向そのものといってよいのである。そして，やや順位は低くなるが，「日本食が食べられること」などもあげられており，日本人が求める安全・快適性の一端が示されている。

日本人観光客の行動傾向としてよく知られているのは，旅行1回の支出金額が"世界で群を抜いて多いこと"であり，1人1日あたりでみると，訪日外国人の消費金額の3倍以上となっている。とくに目立っているのは，個人的な買物にあてられる金額の多さであり，国・地域によっては，全消費金額の70%以上がショッピング代である例もみられ，"金持ちの日本人観光客"をターゲットとした犯罪も増加の一途を辿っている。

2) **"開くのはサイフだけ？"**

このような傾向の中で，諸外国において日本人とくに日本人観光客に対する疑問や批判が"再び"高まってきている。そこには一般貿易面での優位を背景

に，経済力にものをいわせてのホテル等の買収をはじめとする外国への進出に対する現地の反発が関係している場合もあるが，共通しているのは，日本人観光客の行動に対する疑問と批判がみられることである。なお，ここで"再び"というのは，1970年代前半に世界的にも著名になった"ノーキョーカンコウ"に代表されるような，明らかに異質な団体行動をとる集団に対する驚きと困惑とは基本的に異なったものであるからである。

「日本人だけで"群れ"をなして行動し，"傍若無人"な態度をとり，金銭を使いまくるだけで，外国に行ってもその国や地域を理解しようとする気持ちが最初からないのでは……」ということが近年の疑問と批判の最大公約数的表現である。

それに加えて，個別に日本人を知っていたり，日本を実際に訪れたことのある人も，かつてとは比較にならないほどに増えており，その人達は「自分の知っている日本および日本人」と「訪れる日本人観光客」との間にはあまりにも大きな違いがあることを感じている。そして，二重の意味で「日本人観光客は何故？」に対する疑問が生じているのである。

この疑問については，先に説明した"観光客心理の分析"をふまえた考察によって，次のように説明することができる〈→第8章〉。

日本人に限らず，外国旅行においては一般に観光客は緊張感優位の状態になりやすいのであるが，問題は緊張感をどのように表現したり解消するかという点にある。日本人に特徴的な観光行動である"顔見知りの団体"の場合，観光客心理の基調は"解放感優位型"であり，国内旅行において最も典型的な形で表れてくる。温泉旅館での宴会・二次会をはじめとする一連の歓楽行動はその"象徴"といってもよいものであり，それぞれが自分たちの仲間中心で行動しがちである。

外国への旅行の場合，状況的には緊張感優位となるわけであるが，異国での"異なる環境・文化との接触"から生じる緊張感の高まりを軽減・回避するために，日本人であることや"同じ仲間であること"を，ことさらに強調する言動

をとる傾向がある。つまり、国内旅行の場合のように"解放感"がストレートに表出されるのではなく、やや屈折して、相互に仲間性を認め合う形をとって解放感が表現されやすいのである。

行動としては、他人の存在を考慮せず、自分たちを中心として賑やかにふるまう傾向にある。仲間が相互に"恥"をとがめないために、平素は恥ずかしいと感じる言動に対しても"恥じらう気持"が稀薄になるのであり、結果としては"恥をかき捨ててしまう"ことにつながっているのである。

このような心理と行動傾向は、団体旅行に限るものではなく、ごく親しい友人・知人同士の"小グループ"の日常行動の場合にもみられるのであり、その原理は基本的には同一なのである。

そして、外国旅行においては、外部とのコミュニケーションは、言語的ハンディキャップや不慣れも加わって、"商品の購入"という最も安易な方法のみがとられやすいのであり、さらに、それを可能とするだけの経済力を持つようになっているということなのである。

このように考察を加えることによって、諸外国での批判と疑問に対し、多くの人びとが納得しうる説明をすることは可能なのであるが、それだけに"サイフとともに心も開く (Open Wallets and Open Mind[*])"ことこそが期待されているのである。

3. わが国の観光行動の問題点

1) 他者依存型旅行の"原型"と影響

日本人の旅行の最大の特徴は、歴史的にみても、地域・会社・学校などを単位として、すでにお互いに見知っている人達が"団体として"一緒に行動し、共通な体験をもつことを通じて、さらに親密な関係を深めようとすることが中

---

[*] 筆者の説明を内容とする記事がいくつかの国の新聞等に掲載されたことがあり、そのひとつとしてオーストラリアの『The Advertiser』紙上 (1988年5月28日) に掲載された時の見出しにつけられたのは、"開くのはサイフだけ？ (Open Wallets, Closed Mind?)"であった。

心であったということである。共通な体験をもつことそのものに意味があるとすると，参加しないということは一時的にせよ"共通の話題"を失うことになるのであり，それを回避するために，あるいは参加への強制力がはたらくことによって，受動的な形での参加がなされる場合が少なくない。

そして，このような性格をもつ旅行は，日程を調整することからいっても，短期間とならざるをえないのは当然である。かくて，1泊2日型の典型的な団体旅行が成立することになり，過去から現在に至るまで，観光旅行の主流であっただけではなく，参加のしかたや行動様式は，日本人の観光行動の全般にわたって影響を与えてきたのである。

このような"日本的旅行"においては，幹事（団）と称され，計画を作り，運営を担当する一部の責任者以外の人びとは，"ただ参加するだけ"でよいのであり，"用意された楽しみ"が与えられるのを待っているのである。そして，個人的な注文を出さないことが好ましいとも考えられている傾向があり，学校主導の「修学旅行」においても基本的には同様である。

"自主性を発揮しない（発揮すべきではない）"旅行を原体験として，観光行動において"他者依存型"の姿勢をとる人びとが多くみられるのが，わが国の現状と考えられる。

一方において，"同質性の高い人びとの集団"に対し"組織的に対応する"という独特のサービス体制が，日本を代表する宿泊施設である旅館に典型的にみられるのであり，サービスの提供・利用という点におけるひとつの特徴ともなっている。そこでは，"察する・思いやる・気がきく"といった日本的情緒が重視されているだけではなく，利用客は提供者側に"依存すること"を当然のこととする考えかたが一般的なのである。

2）"Open Mind"を妨げているもの

外国への旅行を通して現れている行動，とくに批判の対象となりやすい行動の多くは，日本人の平素の行動様式そのものが"観光者心理"を介して増幅されているものと考えることができる。

"心を開こうとしないこと（Closed Mind 傾向）"に密接に関係しているのは，「内（＝身内）」と「外（他人）」とをはっきりと区別し，"遠慮のいらない世界"と"遠慮してかかわりをもたないように振舞う世界"との2つを使い分ける傾向の強いことである。

わが国には，「親しき中にも礼儀あり」という戒めの言葉があるように，礼儀やマナーは，本来は「外（他人）」とのかかわりの世界でのものと考えられてきたのである。

とするならば，見知らぬ国・土地に赴いての行動においては，礼儀やマナーが守られるはずなのであるが，それはあくまでも日常的に礼儀やマナーが守られていることを前提としてなのである。平素の礼儀やマナーが乱れている場合には，外国での不作法なふるまいもその意味では当然の結果なのである。

そして，日常的には礼儀やマナーが守られている場合であったとしても，今後の生活には全くかかわりのない国・土地への一時的訪問者であるという意識をもちやすいことによって，"無縁の外の世界"と感じてしまうことにより，言動の適否に気をはらうことを忘れがちなのである。

さらに，観光者心理の章で"下り型"として説明したように，"文化的に劣っている国・地域"であると一方的に思い込むことによって，恥ずかしさを感じなくなってしまうという問題もある。

また，"他者依存"の強さや，日常的に享受している"快適性""利便性"に固執し，常に保証されるべきものと考え，この条件を満たされたうえで，はじめて"オリジナリティ"に目を向ける傾向も関係している。

問題の解決にまず求められるのは，平素の生活におけるマナーの再確立を図ることであるが，"程度な緊張感"を日常的にもち，それを日常的にスムースに解消する方法・手段を習得することが必要とされているのである。

3） 多様性を増す観光行動

観光の発展に伴い，その行動も次第に多様なものとなってきている。

"観光大衆化過程"との関連で示した「観光行動類型」は，基本的に"選択に

おいて重視される条件"に基づく分類であるが、それぞれによって観光行動の内容や評価も異なってくる〈→第6章〉。

各「観光行動類型」の目的行動・購買行動・評価および再訪問希望における特徴は次のようにまとめることができる（表16-4）。

表 16-4．「観光行動類型」による行動特徴比較

観光行動類型	目的行動	購買行動	評　価	再訪問希望
旅行優位型	単　純	最も活発	甘　い	低(願望大)
旅行先優位型	複　合	活　発	比較する	一般に低
目的行為優位型	限　定	両極化	厳しい	両極化

まず、目的行動については、「旅行優位型」はその名称の通り"旅行をすることそのもの"が主たる関心事であり、比較的単純である。そして、次の段階である「旅行先優位型」では、特定の行先地においてさまざまな行動を行おうとする傾向がみられるのに対して、「目的行為優位型」は、特定の行為が実行されることを意図して旅行計画がたてられるタイプであり、目的行動は基本的に限定される傾向にあると考えられる。

購買行動についてはすでに説明したように、観光の大衆化が進むにつれて、土産品を中心とする旅行先での購買に対して強い関心を示さない人びとが増大する傾向にある。しかしそれは、旅行経験の増大によって、一般的な記念品や土産品に対する関心の低下を意味しており、国・地域固有の特徴を有する品目の場合は、その購買そのものが目的行為ともなりうるのであって、魅力がより高まる場合も十分にありうるのである〈→第6章〉。

次の"評価"とは、基本的には自分（達）の行った旅行に対する事後評価を意味しているが、実際には、旅行を販売・手配した旅行会社や、旅行先である国・地域等に対する満足の度合いとして示される場合が多い。

一般に「旅行優位型」は、旅行そのものが珍しい体験と受け止められるために、不都合が多少あったとしても、全体としては"楽しい経験"として評価さ

れやすい。これに対して,「旅行先優位型」の場合は,すでに訪れたことのある他の国や地域,また,利用経験のある旅行会社・航空会社等とを比較して評価がなされることになり,いわゆる"目の肥えた評価"となってくる。そして「目的行為優位型」においては,評価のポイントが事前期待がどれだけ達成されたかに置かれることになり,評価は一般に厳しくなるだけではなく,個人差も大きくなってくる。

　最後の"再訪問希望"とは,旅行地であった国・地域あるいは利用した施設等を再度訪れようとする度合いを意味している。「旅行優位型」の場合,"また訪れたい"という反応が示されやすいが,旅行経験そのものに対する満足表現である場合が多い。また,「旅行先優位型」は基本的に,次の"新しい経験"を求めるタイプであり,評価とはかかわりなく"再訪問希望"は低いのが一般的傾向である。これらに対して「目的行為優位型」は,満足したところへは再度訪れようとし,その一方では,不満であったところへは2度と訪れようとはしないといった"両極化"を示す傾向がある。

　行動目的や意図などがそれぞれ同様ではない"3つの行動類型"が並存している現代の観光においては,利用者側(観光者)と提供者側(観光事業側)との"くいちがい"もまた増大するものと考えられるのであり,その解消を図るためにも,観光行動の詳細な現状分析が必要とされる。そして,観光行動に対する"評価"に関しては,自己の行動に対する自分自身の評価が,より大きな位置を占めるようになることこそが期待されるのである。

第17章　観光行動研究の課題

1. 観光行動研究と「観光調査」

1)「観光調査」の意味と役割

　ここでいう「観光調査」とは，観光に関するあらゆる調査を包括した概念であり，観光そのものの性格や役割の変化とともに観光調査の領域・内容も変化してくる。

　調査とは，基本的に"未知の情報を獲得する活動"であり，わからなかったことを知ることによって，行動主体が環境（自然的なものと人為的なものとの両者を含む）によりよく適合した行動をとることが可能となってくる。この場合に，未知のものが既知のものとなったことによって生じた効率が情報の有効性であり，したがって有効な情報を収集した調査は意味のあるものとなるのである。

　行政機関や企業などにおいては，活動状況の点検を中心として情報収集活動も継続的に行われているのが通例であり，基本的に相当量の情報を有していると考えられる。このような既存の情報を整理・分析し直したり，別の目的のために収集されていた情報を新たな加工を加えることによって別の目的に利用することなども広い意味の調査活動に含まれるのである。しかし，既存（過去）の資料だけでは新しい問題に対処するための情報として不十分である場合が生じてくる。そこで，ある特定の目的のために新しい情報収集が行われることになる。これが一般にいう（狭義の）調査である。

　新しい社会事象についての既存資料が乏しいのは当然であり，実態を把握するためにはさまざまな調査が必要となる。観光はこの意味において，調査が必要とされる領域であり，観光の現状を理解し，将来を展望するために多種多様な情報収集が求められているのである。

調査は基本的に，それぞれの調査主体（情報収集主体）の判断に基づいて，対象事象をどのような角度から把握しようとするのかを明確にすることが出発点である。観光はきわめて多様な流動的な事象であるだけに，情報の有効性も誰が何のために活用しようとするのかによって大きく異なってくる。

観光政策を検討する場合と個々の観光関連企業が市場の動向を分析する場合とでは，観光を把握する視点が異なるのは当然であり，必要とする情報も前者が一般的・長期的なものであるのに対し，後者の立場はより具体的・短期的なものとなりやすい。また，観光主体（観光者）の観点からのものと，観光者を受け入れる国・地域の観点からのものとでは明らかな違いがある。前者においては一般傾向分析が重視されるのに対して，後者においては実際に"観光客として"迎え入れるために必要とされる方法・手段を導きだすことに重点がおかれることになる。

観光調査には，「入込調査」など特有なものもあるが，調査方法的にはそのほとんどが一般の社会調査で使用されるものと同じである。なによりも重要なことは，観光を把握する視点の明確化を図ることであり，それによって必要とされる情報の内容や種類が明らかなものとなるのである。

2）「観光調査」の方法と類型

以下で説明するのは，新しい資料を入手するために行われる狭義の「調査」に関してである。

観光に関する基礎的・一般的な統計結果および意見調査結果は，政府・関係機関から定期的に公刊されているので利用することができ，その主たる部分は毎年発表の『観光白書（総理府編）』に収録されている。

政府・関係機関・地方自治体およびマスコミ各社等によって実施された調査資料を利用するにあたっては，次の諸点に留意することが必要である。

① 調査内容とくに使用用語の定義などを理解すること。
② 調査時期と発表時期との間の時間的ズレを考慮すること。事柄によっては，調査時期以後にかなりの変化が予想される場合もある。

③　発表の形式とくにデータの分類基準などに注意を払うこと。

④　調査実施の方法・手続き・条件によって，調査結果は基本的に異なってくることを理解すること。

観光調査の基本となるのは，実際にどれだけの観光往来があったかを把握する「観光地への入込量（国内観光）」および「出入国量（国際観光）」であるが，観光需要の増大に伴って，一般消費者の観光に対する意識や意向を把握することの重要度が高まってきている。顕在的および潜在的な観光者に対する調査は「意見調査」の形式で実施されことが多いが，「行動観察」「事例研究」などが用いられる場合もある。

調査一般の性格・形態を簡単に紹介することを通して，観光調査とくに観光行動に関する調査方法についてふれることとする。

A.　統計調査と事例研究

基本的に，結果を統計として扱う調査は「統計調査」と呼ばれ，調査の大部分はその意味では統計調査である。

「事例研究（個性記述調査ともいう）」は，ある特定の事例（ケース）についての詳細な記録を基づいて質的な分析を試みるものである。家族関係や地域社会などの研究においては，複雑な人間関係の解明が必要不可欠であり，結果を統計量として扱うことよりも質的に把握することが重要である場合が多い。観光行動研究に関しても，第Ⅱ部で取り扱う観光行動の仕組みや観光者心理の研究においては，少数の事例についての詳細な分析から，「モデル」を設定する研究の進めかたが用いられている。

B.　行動調査（観察と記録）と意識調査

行動調査とは，移動・滞在・施設等の利用・購買といった客観的に把握することのできる"人間の状態変化"を記録し，一定の基準にしたがって集計するものをいう。"人間の状態変化"には，移動をはじめとする全体的な変化だけではなく，対人応対場面における「姿勢」「視線」「表情」や手・足の位置と動きなど，客観的測定が可能なものすべてが含まれる。

意識調査とは，直接には観察することのできない「意見」「希望」をはじめ「イメージ」などの"人間の内的状態"を，言語等を媒介として把握するものの総称であり，一般に簡単な意見調査を意味するものとして用いられている「アンケート調査」もそのひとつである。

　行動調査の実施にあたっては，測定する行動の側面と測定基準を単純・明確なものとしておくことが不可欠な条件であり，調査実施者（観察担当者）に対する訓練も必要である。意識調査においては，質問の内容・順序さらに用語法によって回答が影響されることを考慮して，予備調査の実施などを通して事前の検討を十分に加えることが重要である。

　観光調査においては，入込調査（一般に意識調査も併用）をはじめ行動調査がかなり用いられており，観光行動に関しても，観光地ならびに施設内における回遊行動の分析や土産品等の購買場面での行動分析に多用されている。また，サービス利用場面においては，行動観察と意見（評価）調査とを組み合わせることが有効である。

C. 実態調査と志向調査

　実態調査は，基本的に過去の実績および現在の状態を把握するものであるが，観光における実態調査とは，調査時点までにおける観光の実績を記録することを目的としたものの総称である。行動の記録を求める調査には「家計調査（総理府）」や「視聴率調査（テレビ局等）」のように逐次に記録することを原則とするものもあるが，行動頻度の少ない観光に関しては"記憶"に基づいて改めて記録する場合がほとんどである。

　志向調査は，希望・予定・計画などの今後の行動に関する調査であり，調査方法としては「意見調査」の形をとっている。

　観光調査に関しては，"実態と志向"とを併せて把握せんするタイプが多く，その代表的調査が「観光の実態と志向（日本観光協会）」である。この調査は1964年より2年ごとに実施されており，全国の満18歳以上の男女を対象とした「統計調査」であり，観光の動向を一般的に把握するうえで重要な資

料となっている。

また，日本を訪れた外国人を対象として実施されている「訪日外客実態調査・訪日外客訪問地調査等（いずれも国際観光振興会）」は，訪日外国人の行動実態と意見を把握する基礎資料として利用されている。

D．入込調査と流動調査

ある地域・観光地等にどれだけの来訪客があったかを把握するのが入込調査であり，地域相互間の旅客移動の状況を把握せんとするのが流動調査である。都道府県および主要観光地に関する入込調査は，各地方自治体・関係団体等によって定期的に実施されている。また，国際観光における入込調査に相当するものとしては「外客統計年報（運輸省）」「出入国管理統計年報（法務省）」がある。

国際観光全体の入込および流動については，各国政府の統計に基づいて「WTO（世界観光機関）」「PATA（太平洋アジア観光協会）」「OECD（経済協力開発機構）」等の国際機関が年次報告を行っている。

E．入域者調査と滞在者調査

観光地の入口（外国人の場合は国境）で調査を行うのが入域者調査（出域者調査の場合もある）であり，観光地内（外国人は入国後）の特定場所（主に宿泊施設）で調査を行うのが滞在者調査である。

顕在化した観光者を対象として調査することのできる場面は，基本的にこの2点のいずれかであり，国際観光における出入国調査において，前者は「国境法（Frontier Record Method）」と称され，日本をはじめ多くの国々はこの方法によっている。これに対し後者は「ホテル法（Hotel Record Method）」と称され，ヨーロッパのドイツ・スイス・オーストリア等はこの方法によって受入れ外国人客数を把握している。

なお，観光行動研究に直接かかわっている「モチベーション（動機）調査」および「イメージ調査」については，すでにそれぞれ関係した章で説明を行っている〈→第7章，第9・10章〉。

3) 把握する"場面"による対象行動そのものの違い

観光行動はきわめて多様であり，把握の手がかりを何に求めるかによって，対象となる行動そのものの範囲が異なってくることに対して，とくに注意することが必要である〈→第1章〉。

先に，調査資料の利用における留意点の④（調査実施の方法等により結果が異なること）として記したように，何時・どこで・誰を対象として行動を把握したかによって，結果が異なることは一般に認められている事実である。したがって，発見しようとする事柄の種類に応じて，さまざまな角度からの把握が求められるのである。これに対して，観光行動の場合は，なんらかの基準によって測定した結果を通して，はじめて実態（の一端）が把握されるという面が多くあり，誰を対象とするのかではなく，誰が対象であったのかが，資料そのものの性格に大きな影響を与えている場合が少なくないのである。

この点について，訪日外国人旅行者の居住国構成を例としてみてみよう。

政府による「統計」，国際観光関係機関等によって実施されている「調査」に基づいて日本を訪れている外国人観光客の行動様式を分析するにあたって，まず理解しておかなければならないことは，それらの「統計」「調査」の対象となる人びとが必ずしも同じではなく，したがってその結果もそれぞれやや異なる意味・内容のものとなっているという点である。

入国統計に基づく訪日外国人旅行者統計は，いうまでもなくさまざまな目的で入国するあらゆる外国人を対象としており，その中には業務・研修・就学を主たる目的とした人も多く含まれ，すべてが観光客についての統計ではないことはいうまでもない。

これに対して，国際観光関係の公的機関である国際観光振興会（JNTO）が定期的に実施しているいくつかの調査は，訪日外国人旅行者を帰国（出国）時点で個々人を対象者としており，観光客を中心とする"短期旅行者"の行動実態をより的確に把握しているものと考えられる。しかしながら，調査地点および対象数が限定されていることによって，調査地点を経由することなく出国する

訪日旅行者，とくに団体行動をとる観光客の行動実態はとらえられない傾向にあることもまた事実である。

また，宿泊施設に関する協会・団体等による調査は，それらの施設を"利用した人びと"を対象としており，利用客層そのものがすでに宿泊施設の選択という"行動の結果"を示しているとも考えられるのである。

各「統計」「調査」における対象構成（居住地別）を比較してみると，次の通りである（表17-1）。

表から明らかなように，「訪日外客統計」と「訪日外客消費額調査」対象者の居住地別構成はかなり異なっており，前者ではアジア諸国からの来訪者が多いのに対して，後者ではアメリカ人をはじめ北アメリカ・ヨーロッパからの来訪者の占める割合が大きくなっており，「訪日外客統計」でのシェアを100とした場合，「訪日外客消費額調査」では韓国57，台湾34のウェイトでしか現れていないことになる。これには前記した調査実施地点の問題が直接的に関係してい

表 17-1．「入国統計」と「外客調査」等における対象構成の比較

〈%〉

居住地	「訪日外客統計」 （1990年）	「訪日外客消費額 調査(1990年)」	京都 TIC 来訪者 （1990年）
韓　　国	22.9	13.0	＊
台　　湾	18.8	6.4	＊
香　　港	4.7	3.8	1.3 ⑨
アメリカ	17.1	29.5	32.8 ①
カナダ	2.0	4.7	6.2 ④
イギリス	3.1	6.9	7.0 ③
ドイツ	2.0	5.4	6.0 ⑤
オセアニア	2.3	3.3	7.3 ②#

［注］　＊：1%以下であることを示す。
　　　　#：ここでは，オーストラリアからの来訪者のみを示す。
　　　　①〜⑨は順位（⑥フランス，⑦イスラエル，⑧オランダ）

ると考えられる。また，京都 TIC（ツーリスト・インフォメーション・センター）を訪れた旅行者の居住地別構成では，アメリカ人の占める割合はさらに大きくなり，北アメリカとヨーロッパ諸国からの来訪者が圧倒的多数を占めていることが示されており，アジア諸国からの来訪者はごく少数である。ここには，個人旅行を試みる人の比率の違いが端的に現れているが，とともに，日本において使用されている外国語が英語中心であるため，言語的制約から利用しにくかったという点が影響していることも考えられる。

このような対象構成の違いは，統計・調査の性格による当然の結果として理解されやすいのであるが，それぞれが対象者について意見調査等を行った場合に，その結果がそれぞれ"訪日外客調査"として，あたかも一般性をもっているかのように扱われる"危険性"があるのである。

行動の形態と様相に関する理解をふまえて，さまざまな統計・調査等の内容を十分に吟味し，観光行動理解に活用することが必要とされるのである。

2. 観光行動研究の課題

1) 観光研究における"記述"と"説明"

第Ⅳ部冒頭の解説部分に記したように，観光は，さまざまな立場や観点から"語ること"が可能な社会事象であり，行動である。それらには，文字通りの"語り（Talking）"として，個別性の強いものや特定の文脈においてのみ理解しえるものも少なくない。しかし中には，対象事象についての事実を明らかにしている"記述（Description）"としての性格を有している場合もある。

対象となる事象について，"何がどうであるか"を組織的・体系的に観察して，その結果を客観性のある形で示したという意味での"記述"は，あらゆる研究の第一段階として求められるものであり，このステップなくしては科学的研究はありえない。

1920年代以降に，観光研究がはじまったとされるが，それはまず，近代観光という新しい社会事象の様相を克明に記述した研究が登場したことに外ならな

いのである。それ以後現在に至るまで、観光に関する数多くの記述がなされているが、それを発展させて、一般性のある"説明"の段階へと発展させることに成功したものはきわめて限られている。

ここでいう"説明（Explanation）"とは、対象事象に関する詳細な記述をふまえて、事象を成立・変化させていると考えられる要因・条件を発見し、それらの相互関係さらに因果関係を明らかにすることである。ここでの"説明"は、"科学的説明"と同義語であり、「仮説の設定」「検証」「仮説の検証あるいは一般化」という一連のプロセスを経てなされるものである。

観光に関して、かなりの数の記述が存在するにもかかわらず、"説明"の段階へと発展されていないことの理由には、"記述"そのものの性格に原因があるものと考えられる。

「事例研究」に典型的にみられるように、詳細になされた記述は、それ自体で"事実の力（Power of Fact）"を発揮することができ、いくつかの限定条件あるいは特定の文脈との関連において成立するという条件を残しながらも、かなり一般性のある"説明"をすることが可能である。しかし、そのためには対象事象についての研究視点ならびに研究方法等が明確化されていることが前提である。観光に関する"記述"には、これらの条件を十分に満たしていない場合がかなりみられるのである。

観光に関する一般性のある知識を集積するためには、まず、次の段階として"説明"を導きだすのできる組織的・体系的な"記述"そのものをつくりだすことが必要なのであり、それらの上に、客観性のある記述を超えた"説明"が成立するのである。

2）観光行動研究における方法論的課題

観光行動研究には、さまざまな方法が用いられているが、方法的には、その大部分は、行動科学における研究方法と同じであり、観光行動研究固有な方法は存在しないといってよい。「観光調査」には、入込量把握などの観光特有の調査があるが、それは調査地点や対象設定に関してであって、調査の方法までが

特有のものではない。このことは、消費者行動一般に関する研究方法に関しても同様なのであり、「視聴率」測定などの特定の目的で開発されたもの以外は、すべて行動研究一般の方法の応用なのである。

重要なのは、それらの研究方法をいかに有効に使用するかであり、とくに、研究対象事象の実態把握に適合する方法を選択すること、および複数の方法をいかに組み合わせるかという点である。

観光事象は基本的に複合的であり、観光行動はさらに多様な側面をもっている。そのために、研究を試みる者が任意に切り取って研究対象として設定することができる"実態の部分"は、ほとんど無限といってもよいほど存在している。しかし、このような"部分"を集めても"全体"とはならないことは前述した通りであり、全体構造をどのように理解するかが観光行動研究ではとくに求められる。

観光行動研究は、他の人間行動研究の場合と同様に、「理論」と「実証」の両面を組み合わせて進められる。研究の基礎としては、観光論一般、人間行動一般はもとより、観光行動のさまざまな側面にかかわりをもつと考えられる多くの領域の「理論」を参考とする必要がある。

そして、「基礎的諸理論」→「観察（実態理解）」→「理論の展開（仮説の設定）」→「観察（実態把握）」→「理論化（仮説の検証）」→「観察（実態分析）」→「理論化（一般化）」→　といった一連のプロセスを通して、対象事象を全体との関係をふまえつつ理解することができるのである。

実証的な研究を行うにあたっては、次のような"科学的研究"としての基本条件を満たすことがまず求められるのであり、このような条件によって集積された"記述"こそが、"説明"の基礎となるのである。

① 定義が精密であること（研究上での"約束"を明確に行うこと）。
② 手続きが明示されていること。
③ データの収集方法が客観的であること。
④ 研究の方法全体が、組織的かつ集積的であること。

2. 観光行動研究の課題　203

　このような研究方法によって集積された観光行動に関する理論が，現在よりさらに高い水準で体系化されることによって，観光行動論は近い将来において「観光行動学」に発展し，"新しい人間科学"としての独自性のある研究領域を確立することが期待されるのである。

3) 研究課題としての"観光における調和"の方法

　観光行動論が研究課題とすべき事柄は数多く存在している。観光行動成立の仕組みや心理的特徴を解明することだけではなく，新たに生じてきた軋轢・摩擦の解消方法や観光行動の可能性の探求なども研究領域の大きな部分を占めつつある。

　ここでは，観光行動の可能性に関連して，現代観光のひとつの問題点とされている"観光における依存性"について，改めて論じておくこととしたい。

　個々人が自由に観光行動を行いうる時代において，かつての団体旅行における幹事の役割に相当するものが旅行業に求められている傾向が強まっており，"依存の度合い（＝相手側が自分の望むものを提供することを求める度合い）"は次第にエスカレートする傾向をみせている。

　このような"他者依存型ニーズ"にどう応えていくことそのものは，個々の事業経営の問題でもあり，一概に適否を論じがたいが，観光の大衆化，国民生活と観光といった問題のとらえかたとは明らかに違った方向のものである。

　しかし，日本人の観光行動における姿勢（他者依存型）が現在のままであることを前提として，"金銭消費型"の拡大とサービスのエスカレートのみを目指すならば，大きな禍根を残すものとなる。

　課題とすべきは，日本人の観光に対する姿勢はどうあるべきかについての論議を，社会的な広がりにおいて展開することであり，観光行動をはじめ余暇活動一般に関して，"時間と行動とを設計し実行する力"の向上には何が必要かを明らかにすることである。"高齢化社会"の本格的到来をひかえて，これからの社会を活気のあるものとするためにも大きな意味をもつものと考えられるのである。

この問題はただたんに"自己設計派"が増加し，"他者依存派"が減少すればよいということとは違うのであり，より多くの人びとが納得できるような観光行動を体験することができるための"行動主体側の条件"を探すことが課題なのである。"和"を重視してきた日本の生活文化的条件をふまえ，"新しいタイプの相互依存型"の誕生が期待されているのかもしれないのである。

　観光行動論の研究視点は，観光行動を人間行動のひとつの形態としてとらえ，行動主体の立場から問題を分析し，"望ましい状態"に到達するための条件を明らかにすることである。そしてさらに，"望ましい状態"を実現するために必要とされる"誘導方法"を発見することが，現代的課題として登場してきているのである。その意味では，観光行動論は，自然環境や全体社会ならびに地域社会との"多面的調和"が求められている現代観光を方向づけるための"ひとつの理論"としての役割をも果たす必要があるのである。

● あ と が き ●

　観光行動に関する心理学的研究の伝統的課題は，本書第2部を構成している観光者心理の分析，観光におけるイメージの役割・影響等に関する分析および観光モチベーションの研究などであり，歴史的にも観光研究において心理学の立場からの分析が求められてきた領域である。

　著者自身も，これらは心理学的研究を不可欠とする研究課題であると考えてはいるが，本書では扱っている領域の外に，観光行動研究の課題となるものは数多く存在する。

　それらは，観光行動の対象となるさまざまなモノ・コトに関する問題，観光行動によって形成されるさまざまな"一時的関係"によって生じる摩擦や効果に関する問題とに大別することができる。

　前者には，観光対象の魅力分析や観光対象として必要な条件分析が該当しており，さらに，現代的課題としてあげられている"文化的観光"の成立条件を心理学的に考察することも，"複合的な応用問題"として位置づけられるのである。後者は，広い意味の観光の影響・効果に関する心理学的問題が該当するが，とくに現代的課題として国際観光往来や地域間の観光交流に伴うトラブルを最小化し，効果を高めるための方策を導きだすための"行動原理"が求められている。

　著者自身の研究対象も，伝統的領域から次第に"新しい課題"に移りつつあり，これらに関する研究成果が蓄積されたとき，観光行動研究は観光行動学として発展し，観光研究全体において，さらに大きな位置を占めることになるであろう。その意味でも，本書はまえがきにも記したように，いままでの研究を整理し，今後の研究へとつなぐ役割を担わんとするものなのである。　　（M）

　（冒頭に"第2版刊行にあたって"とさせていただいたところで，上記の研究課題にどう対応したかについて簡単に説明したが，その意味をご理解いただくためにあとがきは以前のまま再録した。）

索　引

あ　行

相手国イメージ（日本と韓国）　114
アイドマ（AIDMA）モデル　41
「安全・快適性」重視（観光者の）　186
行き先地類型　47
意識調査　195
一時上陸者（外客分類）　10
井上万寿蔵　11
今井省吾　67
いまのうち意識（不安）　44
イメージ　97
——の「可変性」　106
——の機能　122
——の「共通性」　106
——の「行動規定性」　106
——の「個別性」　106
——の「情緒性」　106
——の「複合性」　106
イメージ・ギャップ　116, 118
入込調査　197
飲食サービス　132, 162
ヴェブレン派の社会心理学的モデル　28
エクスカーショニスト　9
エコ・ツーリズム　178
SD（セマンティック・ディファレンシャル）法　103
NTO＝National Tourism Organization　167
OECD観光委員会　8
オジルビー, F. W.　8
オスグッド, C.　103
Open Mind　189
オルタナテイブ・ツーリズム　178

か　行

外客　10
「外客統計」における分類　10
外客統計年報（運輸省）　10, 197
外国人ツーリスト　9
外国旅行で希望する行動　52
解放感優位型（観光者心理）　89
"科学的研究"の条件　202
"語り"　200
観光　7, 107
観光客　8, 10, 92
観光行動　5
観光行動研究　200
観光行動研究における方法論的課題　201
観光行動成立の条件　67
観光行動における「選択」　69
観光行動の時代的変遷　21
観光行動のパターン分類　13
観光行動の分類　45
観光行動論　203
観光者　7, 16, 87, 92
観光者心理の特徴　87
観光者の権利　94
観光者保護　94
「観光者モチベーション」測定の実際　79
「観光者モチベーション」の概念　75
観光調査　193
「観光調査」の方法と類型　194
観光動機　65
観光統計に関するガイドライン　2
観光の実態と志向（調査）　196
観光の大衆化（マス・ツーリズム）　22
観光目的　51
観光欲求　65
観光旅行者　10
「観光旅行」の条件　107
企業イメージ　101
"記述"　200
「機能性優位型」（サービス）　135, 148
「機能的サービス」　129

気晴らしを求めた時代　　71
（まれに）気晴らしを求めた時代（観光の変遷）　　21
基本的課題（サービス業の）　　161
客室乗務員（サービス）　　165
「逆の個別化」（サービス）　　150
興味づけ機能（パンフレット）　　110
緊張解除の動機（旅行動機）　　67
緊張感優位型（観光者心理）　　89
金融サービス　　132
「下り型（down-ward 型）」（観光者心理）　　89
グリュックスマン, R.　　65
グリーン・ツーリズム　　178
グレイ, H. P.　　72
Closed Mind 傾向　　190
県外客　　58
兼観光　　45, 58
言語連想法　　101
県内客　　58
"行為"としての観光行動　　11
公益事業　　168
公益事業によるサービス提供（運営原則）　　168
公共サービス　　132, 167
航空会社（サービス）　　165
好嫌度（イメージ）　　118
交通サービス　　132
行動調査　　195
行動分析の一般モデル　　25
高度大衆消費社会　　18
国際観光振興会（JNTO）　　58
個人・グループ型（旅行形態）　　50
国境法　　197
コトラー, P.　　26
「個別化」（サービス）　　147
「個別化」の原理（サービス）　　149

さ　行

サスティーナブル・ツーリズム　　178
サービス価格　　173
サービス事業のタイプ　　129
サービス商品　　173

サービス提供の「条件」　　135
サービスの科学　　127, 129
サービスの基本タイプ　　131, 160
「サービス理論」　　127
サルトル, J. P.　　98
参加型（旅行形態）　　50
サンラスト型　　72, 108
CI（コーポレイト・アイディンティティ）　　102
時間制限型購買行動　　91
時間的変化（観光者心理）　　89
事項選択法（イメージ測定）　　104
志向調査　　196
自己拡大達成動機（旅行動機）　　67
自己計画型（旅行形態）　　50
事前事後法（イメージ）　　115
実態調査　　196
実物示唆型の衝動的購買　　91
社会的存在動機（旅行動機）　　67
宿泊サービス　　132
出入国管理統計年報（法務省）　　197
純観光　　45
「情緒性優位型」（サービス）　　135, 148
「情緒的サービス」　　129
衝動的購買　　42
消費革命　　18
消費者　　15
消費者の権利　　94
商品イメージ　　101
商用客（外客分類）　　10
事例研究　　195
心的外傷　　34
心理的強度　　75
心理的財布　　91
心理的場　　38
スペシャル・インタレスト・ツーリズム　　178
生活の中の観光の時代　　22, 71
「制度的個別化」（サービス）　　153
制度的個別化　　160
世界観光機関（WTO）　　2
"説明"　　201
"潜在的欲求"の顕在化（観光者心理）

　　　　　　　　　90
選択行動　　35
選択と意思決定　　36
選択（決定）に影響を与える条件
　　40
選択の仕組み　　38
想像力　　98
その他客（外客分類）　　10
「存在型用法」（サービス）　　139

た　行

滞在客（外客分類）　　10
大衆消費社会　　17, 101
大衆余暇社会　　19
態度　　33, 121
態度の形成と機能　　34
タイドマン, M.　　12
"他者依存型"の観光行動　　181
他者依存型旅行　　188
田中喜一　　65
旅の恥はかき捨て型　　92, 188
単一訪問国・地域型（Mono Destination）　　56
短期旅行　　12
団体型（旅行形態）　　50
地域イメージ　　101
知識（イメージ）　　119
長期旅行　　12
通過観光客（外客分類）　　10
通過客（外客分類）　　10
ツーリスト　　7
ツーリズム　　7
T（Tourist）係数　　59
定型的方法（イメージ測定）　　102
動因　　30
投影法（イメージ測定）　　104
動機　　30
道具性期待理論　　76
統計調査　　195
都道府県イメージ　　112

な　行

「日常型不満」（サービス）　　171
日本的旅行　　189

「上り型（up-ward型）」（観光者心理）
　　89

は　行

バカンス旅行　　20
8時間労働制　　20
パブロフ派の学習理論モデル　　27
ハワード, J. A.　　25
パンフレット（イメージ）　　110
B-A法（Before and After Method）
　（イメージ）　　115
非計画的購買　　43
非定型的方法（イメージ測定）　　102
「非日常型不満」（サービス）　　171
"非もてなし型"のサービス　　157
「評価型用法」（サービス）　　140
標準化されたサービス　　160
標準化された部分（＝組織的サービス）
　　153
標準化されない部分（＝個人的サービス）　　153
評定法（イメージ測定）　　103
不安　　43
不安商品　　43
V（Visitor）係数　　60
"フィルター機能"（イメージ）　　99
フロイト派の精神分析モデル　　27
フンチカー, W.　　11
ベルネカー, P.　　46
「変化性」重視（観光者の）　　186
訪日外客実態調査　　197
訪日外客消費額調査　　199
訪日外客統計　　199
訪日外客訪問地調査　　197
ホスピタリティー・ビジネス　　155
ホッブス派の組織要因モデル　　28
「ホテル型」（サービス）　　157
ホテル法　　197
ホリデー　　20
ボールディング, K. E.　　98

ま　行

マーケティング　　15, 30, 99
マーケティング活動条件　　23

マーシャル派の経済学的モデル　27
マス・レジャーの時代　21
マズロー, A.　32, 67
マレー, H. A.　31
皆が出かける（参加する）ようになった時代（観光の変遷）　21, 71
「土産品」の購買（訪日旅行者）　55
魅力度（イメージ）　118
民間型公益事業（サービス）　169
民宿（イメージ）　109
目的行為優位型　70
目標　30
モチベーション（動機づけ）　31, 75
モチベーション・リサーチ　100
もてなし型のサービス　155

　　や　行

誘因　30
有用性機能（パンフレット）　110
ユング, C. G.　97
要求・欲求　30, 66
要求水準　32
要求等の分類　31
欲望　30
欲求段階説　32

　　ら　行

来訪者　9
理解度（イメージ）　118
リゾート　12, 107
リゾート志向　73
「リゾート」に関するイメージ　108
流通サービス　132, 174
流動調査　197
料飲サービス　132
「旅館型」（サービス）　157
旅行業　163
旅行業（イメージ）　109
旅行業（サービス）　162
旅行先優位型　70
旅行者　17
旅行者構成の変化（外国旅行における）　53
旅行商品　93, 163, 182
旅行の形態　50
旅行優位型　70
旅行ルート（訪日旅行者）　55
連想法（イメージ測定）　103
ロストウ, W. W.　17

　　わ　行

ワンダーラスト型　72

<著者紹介>

前田　勇（MAEDA, Isamu）

現　在；立教大学名誉教授
経　歴；立教大学社会学部・観光学部教授（〜2003），中国西安外国語学院客員教授（1987），韓国漢陽大学国際観光大学院招聘教授（2001），大阪観光大学客員教授（2006〜），日本観光研究学会会長（1994・95），日本観光研究学会・日本温泉地域学会名誉会員，博士（社会学）

主　著；『観光概論』＜編著＞学文社　1978年
　　　　『サービスの科学』ダイヤモンド社　1982年
　　　　『実践・サービスマネジメント』日本能率協会　1989年
　　　　『現代観光総論』＜編著＞学文社　1995年（改定新版第4刷；2014年）
　　　　『サービス新時代』日本能率協会マネジメントセンター　1995年
　　　　『現代観光学の展開』＜編著＞学文社　1996年
　　　　『世相管見―不安定社会の消費者心理を解く―』学文社　2002年
　　　　『21世紀の観光学』＜編著＞学文社　2003年
　　　　『観光の社会心理学』＜監修著＞北大路書房　2006年
　　　　『現代観光とホスピタリティ―サービス理論からのアプローチ―』学文社　2007年

観光とサービスの心理学〈第2版〉
―― 観光行動学序説 ――

1995年3月30日　第1版第1刷発行
2008年8月10日　第1版第8刷発行
2015年1月30日　第2版第1刷発行
2017年1月30日　第2版第2刷発行

著　者　　前　田　　　勇
発行所　　株式会社　学　文　社
発行者　　田　中　千津子
東京都目黒区下目黒3-6-1（〒153-0064）
電話03(3715)1501(代)振替00130-9-98842
（落丁・乱丁の場合は，本社でお取り替えします）
定価はカバー，売上カードに表示〈検印省略〉
　　ISBN978-4-7620-2506-8　印刷／新灯印刷（株）